# 연청색 사발沙鉢

# 연청색 사발 沙鉢

### 류근홍 수필집

수필과비평사

## 책을 내면서

　많이 망설였다. 부족함에 부끄럽고 많이 두렵다. 그럼에도 내 세월의 초조함과 어머니의 걸음걸이가 나를 부추기며 재촉한다. 그래서 나는 내가 아닌 다른 사람의 심정으로 용기를 내었다.
　나의 15개의 버킷리스트 중 12번째이다. 나에게는 처음이자 마지막 책일 것이라는 각오로 지금까지의 나의 삶 모두를 이 책에 담아 부족함을 정성과 애정으로 채워 보고자 했다. 여기 어머니에 대한 글들은 이제 시간이 얼마 남지 않은, 치매를 벗 삼아 지내시는 92세의 어머니께 바치는 마지막 효도라고 생각한다.
　올봄부터 노인복지관에서 노인들의 노후생활 상담을 하면서 미래의 나를 위해 지금에 내 삶을 살아가는 방법을 그분들로부터 많이 배우고 있기에, 훗날 내 인생에서 지금에 삶의 후회를 줄여 보고자 함이, 이 책 출간의 두 번째 용기이다.
　어찌보면 남들을 따라 하고픈 욕심만을 앞세우다 보니, 그럭저럭 여기까지 온 것이 아닌가도 싶다. 그래서인지 원고를 정리하면서, 나 홀로 그저 허공웃음으로 많이 웃어 본다.
　그동안 내 능력과 노력에 비해 상복도 많았고, 모두에게서 편안한 사랑도 많이 받았다. 살아가면서 항상 고맙고 감사한 마음을 앞세운다.

   지금은 친손자와 쌍둥이 외손자의 사랑에 몸둘 바를 모른다.

   가끔은 돌아가신 아버님의 살아생전 내 나이 때를 생각하면서 나를 추슬러 본다. 살아계신다면 책 출간을 무척이나 좋아하시고 자랑스러워 하셨을텐데….

   사실은 이 책을 우리 집 담장에 장미꽃이 활짝 피는 5월 어버이날에 맞추어 출간하고자 서둘렀지만, 또 다른 욕심에 밀려 여의치 못했다.

   우연한 기회에 그동안 멀리서의 관객이었던 내가 연극무대에서 받은 조명은 정말 좋은 경험이며 추억이었다. 가끔씩 영화 단역 출연도 다양한 경험의 인생 축적이기에, 내 삶의 현재가 과거와 미래를 동시에 살고 있는 듯하다.

   나는 글을 못 쓰면서도 글쓰기를 좋아한다. 그냥 나만의 내 글이지만, 즐겁고 보람과 만족감을 느낀다. 지금에 일상의 내 생활과 생각을 담고 싶다. 그래도 과거에 대한 그리움과 되새김은 아무래도 나이 탓인가보다.

   어느덧 망팔望八의 언덕에 올라 두툼한 배짱으로 인생의 쑥스러움을 노년의 열정으로 메워보고자, 내일의 새로운 인생 사랑을 찾아보고자 지금에 내 마음을 다시 추스린다.

하루하루 달라져만 가는 어머니의 정신줄을 붙잡기에는 아들인 나로서도 이제는 마음이 버겁다.

끝으로 이 책이 출간되기까지 수필을 모르는 저에게 실망하지 않으시고 꾸준히 지도해주신 김홍은 교수님께 깊이 감사드린다.

다행히 글 복도 많아 주변에 훌륭한 문우님들이 많은 도움을 주셨다.

그저 고맙고 감사하며, 미안함을 전하고 싶다.

그리고 수필과비평사 관계자분들께도 감사를 드린다.

이 책은 곧 내 인생이다.

2025. 7월에
무대를 걸어 나오며
眞觀 류근홍

Contents

책을 내면서 · 5

# 1 어머니의 봄날

| | |
|---|---|
| 어머니의 속내평 | · 14 |
| 연청색 사발軟靑色 沙鉢 | · 19 |
| 효자 달력 | · 23 |
| 호박범벅 | · 30 |
| 어머니 친구 순돌이 | · 33 |
| 어머니의 봄날 | · 39 |
| 어머니 꽃 | · 43 |
| 어머니의 웃음 | · 47 |
| 문패 | · 51 |
| 이별 면회 | · 55 |
| 할머니 모임방房 | · 60 |
| 이 망할 놈의 망개떡! | · 63 |

# 2 단기출가 그 후

| | |
|---|---|
| 부처님! 또 한번의 기적을… | · 68 |
| 단기출가 그 후 | · 73 |
| 마애불상을 찾아서 | · 78 |
| 억척같은 인생을 악착같은 삶으로… | · 83 |
| 남도南道의 가을 향香 | · 89 |
| 제천사랑의 인연 | · 93 |
| 진해는 제2의 내 고향 | · 98 |
| 무심천 벚꽃 | · 102 |
| 가을맞이 산행 | · 105 |
| 글맛 기행 | · 109 |

Contents

## 3 아주 가까이에서 온 편지

| | |
|---|---|
| 6월에 만난 친구 | · 114 |
| 고물 우정 | · 118 |
| 코로나 여름 | · 122 |
| 진천 장날 | · 127 |
| 직지 할아버지 | · 133 |
| 아주 가까이에서 온 편지 | · 136 |
| 새벽을 여는 사람들 | · 140 |
| 119 구급차량 탑승기 | · 144 |
| 동백꽃 사랑 | · 148 |
| 황혼의 봄바람 | · 152 |

# 4 인생의 골든타임

| | |
|---|---|
| 죽음 앞에서 | · 158 |
| 눈물의 생일선물 | · 162 |
| 새 식구를 맞이하며 | · 166 |
| 아들에게 보낸 100통의 편지 | · 172 |
| 장수 사진 | · 177 |
| 장수長壽유감 | · 181 |
| 사후부고死後訃告 | · 184 |
| 세월인연 | · 188 |
| 농부아내 | · 192 |
| 인생의 골든타임 | · 196 |
| **작품 해설 - 류근홍의 수필세계  오경자** | · 201 |
| **내가 나를 말하기** | · 214 |

1

## 어머니의 봄날

어머니의 속내평/ 연청색 사발軟靑色 沙鉢/ 효자 달력
호박범벅/ 어머니 친구 순돌이/ 어머니의 봄날
어머니 꽃/ 어머니의 웃음/ 문패/ 이별 면회
할머니 모임방房/ 이 망할 놈의 망개떡!

# 어머니의 속내평

 구순九旬을 훌쩍 넘기신 어머니의 사랑 고집은 여전하시다.
 10월의 서늘한 바람은 김장 준비를 하라는 바람이라며, 자식 4남매에게 줄 김장 고추를 빻으러 가자고 하신다. 고추 여덟 자루가 승용차의 트렁크와 앞뒤 좌석까지 꽉 차니 차 안이 매콤하며 코끝이 간지럽다. "어머니는 올여름이 예년과는 달리 아주 혹독한 무더위였기에 아마도 고추도 꽤나 매울 것"이라고 하신다.
 나는 몇 년 전부터 이제는 빻은 고춧가루를 사자고 말씀을 드렸건만, 갈수록 나이에 비례한 어머니의 고집은 자식들과 손자들도 못 꺾는다.
 해마다 아시는 분의 고추를 사서 며칠간 가을 햇볕에 잘 말린 다음 꼭지를 떼어 하나하나 물수건으로 깨끗이 닦는다.
 어머니 나이로는 지루한 중노동인데도 4남매 자식들에게 준다는 생각에 구십을 넘긴 고령임에도 마음은 여전히 즐거운 젊은 청춘이다. 어머니의 손을 거친 고추는 그 마음을 아는 건지 빛깔이 더 더욱 붉고 곱다.

어머니의 오랜 단골 고추방앗간을 갔다. 가서 보니 50년 전 내가 대학 다닐 때 오가며 자주 보았던 길모퉁이의 아주 오래된 옛날 방앗간이다. 예전에는 구불구불 동네 오르막 좁은 골목길이었는데, 주변과 방앗간의 겉모습이 많이 변했다.

밖에서 얼핏 본 방앗간의 풍경에 놀랐다. 이른 아침인데도 벌써 기다리는 고추 자루가 족히 10개는 될듯하다. 더 놀란 것은 방앗간의 사장님이다. 40대 초반의 젊은 남자 사장님으로 하얀 셔츠에다 머리 스타일도 멋쟁이다. 가업으로 물려받아 운영한단다. 오시는 손님들 대부분이 아버님의 오래된 단골손님들이라니 세월과 함께 손님도 대물림 받은 것이다. 옛날 전통 방앗간다운 풍경이 정겹고, 어린 시절에 보았던 방앗간 모습이 새삼 떠오른다.

흰 비닐자루 속 빨간 고운 빛깔의 고추가 아침 햇살에 반사되면서 더욱더 윤기가 난다. 다른 한쪽으로는 기름을 짜려는 참깨와 들깨자루도 나란히 줄을 서 있다. 기름 탓에 바닥은 반질반질하고 거무스레하며 잘 다져진 윤기로 빛난다.

방앗간에 짙게 배어 번갈아 풍기는 고소하고 매콤한 냄새가 참 좋다. 발동기 같은 기계소리도 정겹다. 고추를 빻거나 기름을 짜는 동안 할머니들은 각자 자기 자루 옆에 앉아서 기다린다.

오시는 할머니들마다 오랜만에 만나는 다정한 친구인 듯 서로가 반갑게 인사를 한다. 벽에 기대앉은 할머니는 돌아가는 기계소리 장단에 맞춰 고개를 옆으로 떨구면서 졸고 있다. 방앗간에서의 지루한 기다림에 고소한 졸음이다. 할머니 앞에 있는 고추 자루도 긴 기다림에 졸음이 오는 건지 조금씩 미끄러지더니 바닥으로 드러눕는다.

나는 고추를 맡겨놓고 이따가 오면 좋을 텐데라고 하니, 젊은 사장은 웃으면서 할머니들은 아무리 오래 기다려도 자리를 뜨지 않는단다. 행여 가져온 깨나 고추가 바뀌거나 또는 방앗간에서 중국산 기름이나 고춧가루를 섞어서 주지나 않을까 하는 염려 때문이란다. 할머니들은 각자의 믿음과 노파심으로 아무리 기다림이 힘들고 지루해도 끝까지 자리를 지키신단다.

경로당 같은 방앗간에서 서로의 기다림을 함께해 주며 대화하고 즐거워하는 모습이 보기 좋다.

잊을만하면 발생하는 가짜 기름이나 중국산 고춧가루 파동의 여파이기도 하지만, 할머니들은 기름이나 고춧가루만큼은 순수한 우리 것이어야 한다는 애착과 집착이 강하다. 그래서 할머니들은 자식들에게 줄 기름이나 고춧가루만큼은 꼭 직접 해서 줄려고 하는 거란다. 자식과 손자 사랑 때문에 긴 기다림도 지루함도 할머니들에게는 그저 행복한 즐거움이다.

젊은 사장은 고추가 생산지에 따라 고추의 빛깔과 매운 정도의 차이가 분명하다고 한다. 좋은 고추는 붉은빛이 고르며 매운 듯 고소하고 부드럽다며 크고 짙붉은 고추를 한 움큼 들어 보이며 너스레를 떤다.

여전히 젊은 사장님 혼자만 무척 바쁘다. 들깨를 세척해서 볶으면서 고추도 빻고 기름도 짠다. 움직임이나 손놀림이 자연스럽고 편해 보이며 일하면서 말하는 모습도 재미있고 대견하다. 보기 드문 어른 같은 방앗간의 젊은 멋쟁이 사장이다.

방앗간 한쪽 귀퉁이에는 깻묵이 많이 쌓여있다. 어릴 적에는 저 깻묵을 간식으로도 먹었는데, 지금은 대부분이 퇴비나 낚싯밥으로 많이 쓰인단다.

고추를 다 빻고 어머니가 먼저 일어서니 모두가 다정히 인사를 한다. 서로가 건강을 당부하며 서로의 기약이 불확실할 터인데도 내년을 약속하며 두 손을 잡는다. 고단한 삶 속에서도 오직 자식만을 위하는 고추같이 맵고 참기름같이 고소한 우리들의 어머니 사랑이 방앗간에 가득하다. 할머니들의 얼굴 굵은 주름골에는 그동안 고소하면서도 매웠고 힘들었던 각자의 지난 삶의 흔적이 뚜렷하다.

 나이 들면 모두가 다 친구라더니, 어머니는 차에 타서도 아쉬운 듯 또 손을 흔든다. 나도 덩달아 인사를 하면서 여전히 변함없는 모든 어머니들의 자식을 사랑하는 속내에 뭉클하다.

## 연청색 사발 軟靑色 沙鉢

 내 기억보다도 어머니의 치매 기억이 더 또렷하다.
 구순을 훌쩍 넘긴 어머니는 오락가락 치매속에서도 60여 년 전 기억의 생생함에 신이 난 듯 자신감이 넘친다. 어머니는 지금까지의 인생에 있어서 그때가 가장 큰 위기였으며, 최대의 고비였다고 하신다. 그래서인지 살아오면서 힘들고 어려울 때면 가끔씩 그때를 회상하며 용기와 의지를 되살렸다고 하신다.
 지금도 2층 방 벽걸이 선반에 예쁜 연청색 사발이 있다. 어머니가 살림을 나올 때 아버님 밥그릇으로 할머니가 사발과 큰 대접을 챙겨주셨는데, 세월 속에 대접은 잃어버렸단다. 아마도 어림잡아 족히 70년은 넘은 사발이 아닌가 싶다. 그동안에도 어머니가 자주 닦아서인지 여전히 푸른빛의 윤기가 흐른다. 그 사발은 어머니가 삼신할머니에게 어머니의 병을 좀 낫게 해달라며 쌀을 담아 촛불을 켜서 기도하며 빌었던 연청색의 기도 사발이다.

어머니는 1961년 12월 30일에 둘째 여동생을 출산하였다.

엄동설한 한겨울에 외딴 별채에서 홀로 사시는 작은할머니의 조그만 오두막 초가집에서 출산을 한 것이다. 7살이었던 나는 지금도 그 집을 생생히 기억한다. 천장이 낮고 벽지가 아닌 황토흙으로 된 방 한칸에 부엌은 온통 검게 그을린 집이다. 아마도 조선 말기쯤에 지어진 집인 듯 싶다.

어머니는 출산 후 서너 달이 지난 후부터 수족手足이 마비되어가는 병을 얻어 당시에 여러 병원과 한약방은 물론 민간요법 등의 모든 치료 노력에도 별 차도가 없었단다.

그때 우리 집은 지금의 청주실내체육관옆 청주야구장 아래로 예전에는 나지막한 야산과 과수원이었고, 그 사이의 비탈진 골짜기에 서너 채의 집이 있었는데, 그곳에서 월세를 살았다.

내가 초등학교 1학년이었고 어머니는 29살로 아이가 셋이었다.

갈수록 병세가 악화되면서 절망에 빠진 어머니는, 마지막 치료라는 심정으로 내가 학교에 갔다 오면, 동생들을 내게 맡기고는 지금에 상당공원 부근의 수동에 새로 개원한 조그만 의원을 지극정성으로 열심히 다녔다.

우리 삼 남매는 어머니가 병원에서 돌아오기만을 내수동(현, 사창동 시계탑) 고개아래 신작로新作路까지 나가 플라타너스 나무 그늘 아래에 앉아서 기다렸다.

그때 우리는 어머니가 어디가 얼마나 어떻게 아프다는 것을 모른 채, 장난감도 없고 먹을 간식도 과자도 없이, 맨땅에 앉아서 고사리 같은 손으로 흙장난을 하면서 서문다리 쪽을 바라보면서 어머니를 기다렸다.

8개월 정도였던 둘째 여동생이 어찌나 울면서 보채던지 60년이 넘은 세월임에도 어머니와 나는 그때가 생생하다.

멀리서 어머니를 기다리는 우리 셋을 보면, 어머니는 눈물범벅으로 우리를 끌어안는다. 그때 우리는 어머니의 눈물을 보지 못했다. 어머니는 우리에게 아프고 약한 속마음을 보여주지 않으려 했다며 훗날 말씀하셨다.

어머니는 어린 삼남매를 볼 때마다 병마를 꼭 이겨내고야 말겠다는 강한 일념 하나만으로 치료에 모든 정성을 다했단다.

동이 트기전 새벽에 일어나 집 뒷편에 있는 공동 우물가에서 어린 자식들을 생각해서라도 꼭 병을 낫게 해달라며 지극정성으로 간절히 빌고 빌었단다. 그때 쌀을 담아 촛불을 밝힌 그릇이 바로 지금의 저 연청색 사발이다.

어머니는 치료에 대한 간절함과 기도의 정성 때문인지, 그해 가을쯤에 병이 거의 완치가 되었단다.

훗날 알았지만, 그때 어머니의 병은 산후풍産後風이라고 했다.

한 겨울에 출산을 하고, 산후 몸조리를 제대로 하지 못해 신경과 근육계통의 이상으로 수족이 마비된 거란다. 당시에는 치료가 어려워 거의 1년 가까이 고생을 했다지만, 그래도 천만다행이다.

　그 후 어머니는 그 병원이 없어질 때까지 시내를 나가게 되면, 멀리서라도 병원쪽을 바라보며 치료에 대한 고마움으로 고개 숙여 마음 인사를 꼭 했다고 한다. 그때의 삼 남매가 이제는 다 환갑이 넘었으니, 정말 오래된 추억속의 추억이다.

　어머니는 우리 집의 모든 복이 저 사발에 가득 담겨져 있다며, 항상 연청색 사발을 엎어놓지 말라고 하셨다. 어머니만의 신념인 듯 하지만, 지금까지도 변함없는 어머니의 자식사랑이 정말 가득 담긴 사발이다.

　구순을 넘기고 치매를 앓고 있는 어머니에게 아주 오래된 옛날 이야기임에도 연청색 사발이 그때의 모든 기억을 되살려 주고 있으니, 어머니 말씀대로 연청색 사발이야말로 우리 집안의 복사발이다.

# 효자 달력

올해 어머님은 88세로 미수米壽이시다. 30여 년을 매일같이 새벽 어둠과 함께 무심천 제방을 한 시간정도 걷는 운동을 하며, 우암산에서 솟아오르는 강렬한 아침 햇살과 함께 하루를 시작했다. 어머니는 자기관리가 철저하고 생활에도 빈틈이 없다. 그래선지 어머니는 지금껏 병원신세 한번 지지 않고 건강하게 살아왔다. 우리 4남매는 그런 어머니가 자랑스러웠고 어머니의 덕이지만, 주변에서는 다복한 가정으로 자식들이 효자라는 말까지 듣게 되었다. 어머니의 올곧고 건강한 부지런함에 덩달아 자식들까지 칭찬을 듣게 되니 더 없는 횡재복임에 감사한 마음이다. 지금처럼 어머니가 사시는 날까지 정정하시길 바랬는데, 어느 날 청천벽력 같은 일이 일어났다. 지난겨울 화장실에서 빨래를 하다가 균형을 잃고 넘어져 방광골절의 중상을 입었다. 노령에 심한 부상으로 인한 탓에 정신까지 혼미

해지면서 가족들의 걱정이 이만저만 아니었다. 장기간의 입원 치료가 불가피했다. 입원 중 어머니의 증세는 하루가 다르게 이상한 양상으로 발전했다. 갑자기 링거와 소변 줄을 빼고 입원실 벽을 마구 두드리며 울었다. 내가 붙잡고 제지를 하려하면 공격적으로 밀치는 순간의 힘이 엄청나서 감당하기 힘들었다. 어머니의 이해할 수 없는 난폭한 행동은 간호사와 간병인까지도 두려워했다. 두 눈을 부릅뜨고 곁을 내주지 않으며, 애써 밥을 먹이는데 수저를 깨물다가 틀니가 부러질 정도였다.

어머니는 정신적 불안과 불신의 공포가 골절보다도 더한 신경성 중병이 되었다. 갈수록 심신쇠약으로 혼자만의 망상과 현실부정의 절망이 깊어져 갔다. 결국 어머니는 신경정신과 입원과 동시에 추후에도 지속적인 치료가 필요하다는 진단을 받았다. 현재 치매의 경계 단계를 넘어섰다는 신경과 의사의 말에 가족 모두가 놀랐다. 현실적으로 치매는 거의 치유가 불가한 무서운 병이 아니던가? 따라서 환자나 가족 모두에게 힘들고 어려운 병이다. 그래서 치매의 고통은 아는 사람만이 알며 다스리고 관리해가는 함께 하는 병이라고들 한다.

어머니는 갑작스런 사고의 충격과 고통으로 잦은 섬망 증상에 빠져 하루하루 성격이 매우 날카롭고 예민해져만 갔다. 본래 자존심이 강하고 깔끔한 성격인지라 남의 손에 자신의 치부를 맡기는 것에 대한 수치와 모욕을 심하게 느낀다. 치매 증상으로 희미한 정신임에도 다른 사람이 기저귀로 대소변을 받아내는 것을 극구 거부하고, 가족들을 마주할 때도 멍하니 혼자 중얼거리기도 한다. 어머니는 지금까지의 건강과 자존심 때문에 어머니만의 또 다른 세상을 헤매고 있는 것이다.

　어머니는 노령임에 거동불능 상태로 치료를 받느라 신체적이나 정신적으로 매우 쇠약해졌다. 의사의 권유에 따라 어느 정도 입원치료 후 환경 변화와 심리적 안정을 위해 일단 집에서 가족치료를 하기로 했다. 1남 3녀의 장남인 나는 복잡한 마음에 어깨가 무거워졌지만, 아내와 여동생들이 잘 따라주었고 협심協心하여 어머니를 간병하기로 했다. 어머니의 정신적 회복과 치유를 위해서는 시기가 매우 중요하며 빠른 시일 내에 정서적 안정이 필요하단다.

　병원에서 퇴원을 하면서 의료침대와 변기 휠체어 등을 준비하고, 간병인도 함께 가기로 했다. 의사의 지시대로 가정에서 단계별 맞춤계획으로 생활치료와 주기적인 통원치료를 병행하기로 했다. 다행히 집으로 오신 후 어머니는 정신적 안정감을 되찾으시면서 조금씩 회복해 나갔다. 담당의사가 어머님에게 치료노력과 병세호전에 대해 많은 칭찬을 해주자, 어머니는 휠체어를 탄 채 기쁘고 자신감 있는 감사의 웃음으로 여유롭게 답하신다.

　사실 그동안 나는 회사 일이 바쁘다는 핑계로 어머니와 제대로 된 오붓한 시간을 함께하지 못했는데, 늦게나마 이번 기회에 휠체어로 어머니와 산책을 자주 하면서 나눈 오붓한 대화가 어머니에게는 아주 훌륭한 치료임을 알았다.

어머니는 뜬금없이 옛 얘기를 자주 하신다. 아마도 꽃들이 형형색색으로 만개하는 춘삼월인지라 이미 어머니의 마음에도 봄은 먼저 와 있나보다. "아득한 먼 일이지. 애비가 4월에 입대를 했을 때, 나는 친정 정하동에 있는 '마애비로자나 불상'을 찾아가서 백일기도를 드렸단다. 내 새끼 건강하고 무탈하길 빌었는데 그게 어느덧 40여 년이 세월이 흘렀구나."

어머니는 "아롱다롱 봄꽃이 곱게 핀 3월에 족두리에 연지곤지를 찍고 가마 타고 시집가는 날 얼마나 설레고 수줍었던지. 그래도 지금에서 돌아보니 그날이 최고로 화려하고 행복했다. 층층시하 시집살이에 농사거리는 얼마나 많은지 고생이란 고생은 다 해봤는데 이제는 모두가 아물아물해. 그래선지 꽃가마타고 시집가던 그날이 정말 내 인생 최고로 예쁜 봄날이었어."라며 봄 추억을 말씀 하신다.

어머니의 어투는 느리고 어눌했지만, 외아들인 나에 대한 사랑과 십여 년 전에 돌아가신 아버님에 대한 그리움이 절실하게 묻어나는 듯 함에 내 가슴이 뭉클하면서도 오래된 기억을 하심에 참 다행이라고 생각했다.

단독주택인 우리 집 거실에는 큰 달력이 걸려있다. 나는 어머니가 침대에 누워서도 잘 볼 수 있게 거실의 창가 벽 높이 커다란 달력을 걸어놓았다. 항상 달력과 어머니가 대화를 할 수 있게 하였다. 어머니의 치료와 정신회복에 대한 큰 공을 세운 바로 효도달력이다. 달력에는 어머니의 치료 처방이 들어 있다. 병원 가는 날, 운동시간, 신문보기 등의 다양한 스케줄이 들어있다.

 매일매일 날짜와 요일 확인은 물론 집안 제사와 식구들의 생일 등을 알아맞히는 달력놀이를 하였으며, 또한 국경일과 절기節氣등에 대해 그 의미 등의 설명을 반복하게 하였다. 특히 달력의 상하좌우 숫자로 더하기 빼기의 산수算數놀이는 어머니의 정신건강과 두뇌회전으로 기억력 회복에 참으로 많은 도움이 되었다. 다행히 어머니도 관심을 보이며 놀이처럼 좋아했다. 어머니에게 있어서 저 달력은 어머니를 치료해 주는 의사이자 효자이며, 훌륭한 가정교사이다. 어머니는 달력 덕분에 신체적 정신적으로 정말 빠르게 건강을 회복중이다.

 한날은 TV프로에서 시골에 사는 치매에 걸린 구순의 어머니를 간병하는 칠십대 아들 부부의 사연을 어머니와 함께 보았다. 나이든 아들 부부의 헌신적인 간병에 방송을 보는 내내 나는 저절로 고개가 숙여지고 존경스러웠다. 어머니의 얼굴을 바라보니, 안타깝고 걱정스런 눈빛이다. "저렇게 병들어서 오래 살면 무엇 하나, 사는 게 아니고, 그저 자식들 고생만 시키는 건데 얼른 죽어야지."라며 어머니는 자신과는 상관없다는 듯 자신 있게 혼잣말을 하신다.

 병원에서 담당의사는 어머니께 이제 모두 완치가 되어 정상이니 앞으로는 절대 낙상落傷사고를 조심하라고 당부한다. 어머니는 모든 불안과 두려움의 무거운 짐을 벗어 놓은 듯 밝고 환한 얼굴로 의

사에게 몇 번이고 고개를 숙이며 감사해한다. 이번에 어머니의 사고로 인해 여동생들과의 사이도 전보다 더 돈독해졌다. 집안이 북적거리는 것을 어머니도 좋아한다. 현재 어머님은 정상인 듯 비정상이지만, 다행히 가족들과 함께하는 생활치료는 잘되고 있다.

어머니는 여전히 달력 뒤에 숨겨진 당신의 세월 무게와 노령으로 인한 미래의 불확실한 건강 불안을 인정하거나 받아들이지 않고 있다. 노화老化는 자연현상이며 건강한 늙음을 축복으로 받아들여야만 할 연세이지만, 어머니는 여전하게 지난날처럼 걸어서 사뿐사뿐 나들이 가는 꿈을 꾸신다. 어머니의 변화를 보며 치매는 초기부터 가족들의 관심과 협력 속에 즉시 치료를 한다면, 많은 효과를 볼 수 있음을 깨닫게 되었다. 그래선지 우리 가족들의 희망적인 자신감은 바로 어머니의 치료에 용기와 힘이 되었다.

오늘 새벽에는 예전에 아침운동을 했던 무심천 제방에 서서 지팡이에 의지한 채 눈과 마음으로 한 바퀴 운동을 하신다.

나는 2022년 내년도에도 올해보다도 더 큰 글씨의 멋진 달력을 준비해야겠다. 어머니의 잃어버린 기억과 웃음을 되찾고 산수놀이도 하면서 치료도 해주는 효자 달력으로 새해에는 또 다른 새봄을 맞게 해드려야겠다.

그리고 또 한 가지, 어머니를 위해 작고 예쁜 하얀 강아지를 새 식구로 맞이해야겠다. 정원의 꽃들을 사랑하듯 강아지와의 교감과 애정도 어머니의 정신 건강에 많은 도움이 될 것이다. 흔히 사랑은 만병통치약이라고 하지 않던가?

쌍둥이 증손자들의 재롱을 동영상으로 보시며 즐거워하는 어머니의 지금 저 모습에 우리 가족들은 그저 감사할 뿐이다. 더 이상은 욕심이다.

지난 5월 19일 부처님 오신 날에는 절에 다녀 오실정도로 건강이 나아졌다. 어머니는 이 모든 것이 부처님의 가피加被라 생각하면서 내년 초파일에는, 이 지팡이도 필요 없이 예년처럼 혼자 쌀과 과일 등 보시물을 들고 오겠다고 하신다. 설령 그것이 이뤄지지 않는다 해도 희망이나 목표를 갖는 것은 치료를 위한 대단한 용기이다. 세상에 영원한 것은 없다지만, 시간이 흘러 혹시나 어머니의 치매가 더 깊어지더라도 지금에 우리 자식들의 이 모습만은 잊지 않으셨으면 하는 게 우리 가족 모두의 소망이다.

## 호박범벅

　무심천 벚나무의 단풍이 하루가 다르게 짙어가고, 이미 바람에 날린 낙엽들은 우리 집 대문 앞에서 누군가를 기다리듯 모여있다. 시간의 아쉬움을 아는지, 그 곱던 단풍이 낙엽 되어 떨어지니, 아침저녁으로 제법 쌀쌀하다.
　바람뒤로 숨어버린 낙엽을 쓸면서 마음은 이미 겨울 채비를 한다. 향기없는 마른 낙엽이지만, 그래도 정겹고 가을 운치는 있다.
　한편으로 허전하고 썰렁한 마음에 나는 어머니 앞에서 낙엽을 핑계로 "이제 금년도 다 갔네"라며 낙엽에게 부질없는 세월 탓을 한다.
　어머니는 현관 앞 계단의 가을 햇살 아래서 늙은 호박을 다듬는다. 아주 오랜만에 호박범벅을 해 보신단다.
　옛날 어린시절 집주변 담장에 호박을 심어 가을이 되면, 계절별미로 호박범벅을 자주 해 먹었다.

짙노랗게 잘 익은 예쁜 호박은 일부러 조각을 한 듯 일정하게 패인 줄무늬가 또렷하게 돋보이는 것이, 아주 잘 빚은 도자기 같다.

 옛날에는 호박 껍질을 숟가락으로 힘들게 긁었는데, 그래도 요즈음은 감자칼로 쉽게 벗긴다.

 호박의 속살은 붉게 타오르는 불꽃이며, 그 불꽃속에 숨은 하얀 호박씨는 가을햇살에 살짝 빛난다. 도톰하게 살이 오른 호박씨는 손가락사이에서 나를 간질이듯, 미끌거리는 촉감이 아주 좋다.

 어린시절 어머니는 호박의 붉은 속살로 호박국을 만들었다. 입안에서 녹는 듯 부드럽고 달짝지근하여, 어린 입맛에 밥보다도 호박국을 더 많이 먹었다.

 그리고 호박씨는 양지바른 장독대 위에 동생들과 각자 자기 몫을 나누어 말렸다. 먹을 게 없었던 그 시절, 잘 말린 호박씨를 정성들여 까먹는 재미는 또 다른 즐거운 놀이이기도 했으며, 고소한 맛은 씹으면 씹을수록 입안에서 오래 맴돈다.

 오늘 호박범벅을 만드시는 어머니의 손놀림이 왠지 예전 같지가 않고 많이 굼뜨고 어설프다. 20여 년 만에 해보신다니, 그도 그럴 만은 하다. 지켜보는 내가 안쓰럽고 조금은 안타깝지만, 미수米壽의 세월 맛은 호박범벅을 휘젓는 긴 주걱의 손 떨림으로 전달된다. 이제 보니 정말 어머님도 많이 늙으셨다.

 그래선지 오늘 어머니의 호박범벅 맛은, 옛날의 그 맛에 뭔가가 조금은 넘쳐나는 듯하다. 어머니의 세월 손맛에 여전히 변함없는 자식 사랑의 맛이 더해진 것이다. 어머니의 자식에 대한 걱정과 사랑에는, 세월과는 상관없이 언제나 한결같이 깊고 강하다. 그게 바로 우리 어머니들이 살아가는 삶의 힘이다.

어머니는 혼잣말로 "그래 내가 언제 또 너희들에게 이 호박범벅을 해줄 수가 있겠느냐"며 주걱에 묻은 호박범벅까지도 손가락으로 알뜰하게 잡수신다. 옛날 젊은 시절의 어머니 바로 그 모습이다.

아마 어머니 자신도 세월 속에 묻힌 당신의 손놀림과 솜씨가 예전 같지 않음을 이미 아시는 듯하다. 어머니의 호박범벅 솜씨는 옛날 할머니께서도 인정을 하셔서 할머니는 다섯 며느리중 유독 어머니께 가끔 호박범벅을 해달라고 하셨단다.

어머니는 오늘 호박범벅을 잡수시면서 많이 흘리신다. 기력이 쇠해져 가고 마음도 약해지시는 어머니의 모습에서 내 숟가락의 호박범벅이 무겁다.

그래도 지금 같은 어머니의 건강이라면, 우리 자식들에게는 큰 복이다. 그래서 항상 고맙고 감사한 마음이다.

찬바람이 불기 시작하는 11월 오랜만에 어머니가 해준 호박범벅은 쌀쌀한 늦가을 날씨에 어울리는 계절맛과 어머니의 사랑 맛이 어우러진 달고 맛있는 호박범벅이었다.

이제 내년 가을에는 우리 4남매가 어머니께 호박범벅을 해드려야겠다. 옛날 우리가 어려서 먹었던 어머니의 그 맛을 살려, 어머니의 젊은 날의 추억을 어머니께 되찾아 드려야겠다.

# 어머니 친구 순돌이

집안 화단에 무궁화 꽃이 활짝 피었다.

초가을 날씨인지라 아침저녁으로 선선하지만, 한낮은 여전히 늦여름 턱을 톡톡히 한다.

오늘도 변함없이 '할머니 모임방' 문 앞에는 가지런히 놓인 신발들이 석양의 햇살 뒤로 무더위를 피해 서로를 의지하며 주인을 기다린다.

올해로 88세 미수米壽이신 어머님을 위해 아버님이 돌아가신 후 어머님 혼자 거주하시는 단독주택의 별채를 할머니 모임방으로 꾸며 동네 할머니들의 사랑방으로 만들었다.

대문에 간판도 멋지게 달아드리고 담장과 벽면도 할머니들을 위해 밝고 단아하게 단장을 하였다. 냉장고와 TV, 전화기와 가스레인지 등도 설치해 놓았다. 방문 앞의 화단에는 할머니들이 봄, 여름,

가을의 계절을 느낄 수 있는 꽃들도 심었다.

거의 매일 대 여섯 분의 할머니들이 모이신다. 70대 중반에서 80대 후반의 동네 할머니들이다. 나이에 무관하게 그냥 모두가 동네 식구이고 막역한 친구들이다. 집에서 오실 때는 각자 며느리가 챙겨주는 고구마, 옥수수, 칼국수나 수제비 등 먹을 것을 준비해 오셔서 함께 만들어 잡수신다. 모두들 즐거움을 스스로 찾아 젊고 건강하게 노후를 보내려고 노력한다.

그리고는 10원짜리 고스톱으로 하루를 보내신다. 고스톱을 치실 때는 나이와는 달리 눈에서 빛이 나고 계산도 눈치도 판단이 젊은이 못지않다. 화투를 꼭 움켜쥔 팽팽한 손은 젖먹이 어린아이의 우윳빛 주먹손 같다. 가끔은 다투시기도 하는데 지켜보는 나는 재미있고 이따금씩 중재하고 화해시킬 때면, 왠지 내가 더 어른 같다.

할머니들은 계절에 별로 신경을 쓰지 않는 듯하다. 하루하루가 어린애 같고 함께함이 즐겁고 소풍 같은 재미로 시간과 세월을 잊는다.

요즘 어머니는 걱정을 많이 하신다. 얼마 전 할머니 한 분이 요양병원으로 가시고 또 한 분도 경미한 치매 증세로 치료차 용인에 사는 따님이 모셔갔단다. 이제 할머니 모임방에 오시는 할머니들이 한 두 분 정도뿐이란다. 그래서 어머니는 이 할머니 모임방이 언제까지 유지가 될지 걱정이라며 닫혀있는 문 쪽을 힘없이 바라보신다. 지켜보는 나는 안쓰럽고 안타깝기만 하다.

나머지 할머니도 건강이 매우 안 좋으시단다. 내심 내가 더 걱정이다. 혼자 계시는 어머니의 외로움과 심적인 나약함이 생활의 무기력으로 이어지면서 혹여 우울증이나 치매라도 걸리지나 않을지 노심초사하다.

더구나 어머니는 지난 겨울에 빨래를 하시다가 넘어지면서 방광에 선상골절로 인해 한 달여 병원신세를 지신 이후 급격히 쇠약해지셨다.

누구나 노후 건강은 본인뿐만이 아니라 가족 모두에게도 커다란 관심사인 것이다.

그래서 흔히 노후 건강이 최고 효자이며 보약은 바로 함께 옆에 있어주는 친구들이라고 한다.

이제는 거의 아무도 오지 않는 할머니 모임방 문을 바라보는 어머니의 모습에서 내 마음은 갈수록 무겁다.

지난번 낙상落傷 사고 이후 몸이 온전치 못해 보행보조기에 많이 의존하는 생활을 하신다.

나는 어머니를 위해 화단 한 곁에다 고추와 가지를 심어서 가꾸도록 했다. 생각보다 많이 달렸다. 언제부터인가 어머니는 옛날의 젊은 시절 그리고 다치기 이전의 생활을 그리워하고 시골에서 일은 많이 했어도 그때가 좋았다며 그 젊은 시절을 자주 회상한다. 이제는 동네에서 함께 자매처럼 함께 사셨던 어머니 친구분들도 많이 돌아가셨다.

오늘은 어머니를 모시고 청주 한국병원에 가서 종합검진을 했다. 신체적으로 많이 약해지셨고 정신적으로도 우울증과 섬망증세가 있다고 정신건강과 의사 선생님이 말씀하신다.

생활에 다소의 변화가 필요하다고도 조언한다. 집으로 오면서 많은 생각을 해본다. 걱정뿐이다. 순간 얼마 전 TV에서 파지 줍는 할머니와 진돗개의 사연을 방송한 것을 본 기억이 떠올랐다. 어머니께 진돗개 새끼를 사 오겠다고 말을 하니 어머니는 그 뒤치다꺼리를 어찌하려고 그러느냐고 하시며 시큰둥해한다. 아니다. 어머니는 이미 동네 들고양이들을 보살폈고 새끼까지 낳은 것을 여러 번 잘 보살펴 준 경험이 있다. 그 새끼고양이들이 다 자라서 요즘도 가끔씩 어머니를 찾아온다고 한다. 그렇다. 동물사랑이 정신건강에 좋은 것이다.

나는 망설이고 미루다가는 못할 듯싶어 얼른 인터넷을 통해 전남 진도군 진돗개 협회로 전화를 해서 구매 관련 문의를 했다.

토종진돗개라는 혈통증빙서류까지 준다고 하며 강아지를 운송택배로 보낸다고 한다. 나는 깜짝 놀랐다. 강아지를 택배 운송이라니 그것은 동물학대라고 말하고는 아무리 멀어도 내가 직접 간다고 하고 토요일에 4시간을 달려 진도에 도착했다. 그곳에서 출생하여 두 달 된 백구를 선택해 새로운 가족으로 인연을 맺게 되었다.

백구 맞이 새로운 개집도 장만하고 집안 청소는 물론 생각보다 많은 강아지 관련 준비물을 준비했다.

이번에 알게 된 일이지만 강아지 용품들이 어린아이 용품과 비슷했다. 목욕샴푸며 이빨세척제 그리고 털빗이며 장난감은 물론 주기적으로의 각종 예방주사 등 정말 다양함에 놀랬다.

다행히 어머니도 백구를 보고는 예쁘고 귀엽다며 좋아하신다. 온 집안 식구의 마스코트가 되어버린 백구의 이름을 짓기로 했다. 온 가족의 의견을 들어 협의하여 어머니 성함이 김순식이니 백구는 '순돌이' 라고 지었다

이제는 우리 집의 새로운 식구이자 어머니의 동생이며, 친구인 순돌이를 우리 가족들은 어머니를 대하 듯 최선을 다하기로 했다. 아버님 산소에도 데리고 가서 아버님께도 인사를 드렸다.

어머니는 아침저녁 보행보조기를 끌며 순돌이를 앞세우고 함께 걷기 운동을 한다. 순돌이가 아직은 어리고 서툴지만, 어머니를 향한 애정 어린 눈빛과 순종적인 행동에 어머니는 무척 좋아하신다. 온 가족의 사랑에 순돌이는 하루가 다르게 자라고 가족과도 살갑게 친근해지고 있다.

이제는 순돌이에 대한 사랑만큼 순돌이가 어머니의 건강을 지켜주는 어머니의 오랜 친구가 되어 준다면 우리 가족은

더 바랄 것이 없다.

　뒤뚱뒤뚱 오리걸음을 걷는 어머니 옆을 순돌이가 의젓하게 함께 해 주는 모습이 대견스럽고 착하며 사랑스럽다.

　어머니는 말씀하신다. 이제 내 생에 마지막 가족이며 노후에 좋은 친구를 참 잘 만났다고.

# 어머니의 봄날

연륜 탓인지, 어머니는 병원의 7층 하늘만 보이는 병상에 누워서도 봄이 오는 소리가 들리는가 보다. 올해 어머니는 89세이다.

지금쯤 대문 옆 개나리는 어느 정도 피었을 테고, 화단의 목련과 미선나무의 하얀 꽃망울도 서로 앞 다투며 봄맞이를 나왔을 텐데…. 라며 눈에 선한 듯 혼자 말씀을 하신다. 아니 어머니는 직접 보고 싶은 게다. 집안 화단에는 봄이 어느 만큼이나 와 있는가를.

어머니는 자신이나 집보다도 화단을 더 예쁘게 잘 가꾼 단독주택에 홀로 사신다.

지난 겨울에 빨래를 하다가 미끄러져 넘어지면서 방광뼈의 선상 골절 부상으로 한 달여 병원에서 입원치료중이다. 아직도 한 달의 시간이 더 필요하단다. 어머니는 자신의 부주의를 아홉수 나이의 액땜으로 편하게 받아들이려는 듯하다.

의사 선생님은 그나마 이 연세에 이만하기가 정말 천만다행이라고 한다.

어머니에게 위로 겸 치료에 희망적인 자신감을 주려는 의사의 말에 가족들은 안도하지만, 정작 움직이지도 못하고 당분간은 대소변을 받아내야만 하는 어머니의 고통은 이만저만이 아니다. 많이 힘들어하시는 모습에 병실을 나올 때마다 오히려 내 엉덩이가 더 아픈듯하며 발걸음 또한 천근만근이다.

어머니는 지금 당신이 생의 끝자락에 있다는 생각에서인지, 시간이 갈수록 자신의 삶에 대한 애착이 무척 강하다.

그래선지 이번 사고로 혹여 이제는 걷지를 못하는 것은 아닌지에 대한 불안과 공포의 충격에서 여전히 벗어나지 못하고 있다.

그러면서도 한편으로는 자식들에 대한 미안함에서인지 통증의 고통을 혼자서 많이 삭히려는 듯하다.

오늘은 열두 번째 아버님의 기일이다. 어머니의 뜻에 따라 올해는 그냥 산소에서 간단히 제祭를 지냈다.

나는 절을 하면서 아버님께 간곡히 부탁을 했다. 이번 한번만 어머니를 도와 주셔서 빠른 쾌유로 올봄을 맞게 해달라고 빌고 또 빌었다.

그리고 이다음 좋은 봄날에 아버님이 어머니를 모시고 가시라고도 했다.

어머니는 3월의 봄과는 또 다른 인연이 있다. 어머니는 3월 1일에 시집을 오셨다. 남주동 시장에서 장사를 하시다 지금의 신봉동 농촌으로 시집을 오면서 철길 건너 동네 어귀의 커다란 방죽까지는 시댁 쪽에서 불어오는 쌀쌀한 봄바람을 맞으면서 걸어오신 후에 가마를 타셨단다.

가마속 20살 3월의 신부는 얼마나 많은 생각과 상상의 두려움에 떨었는지 어머니는 지금도 생생한 듯 말씀하신다. 그도 그럴 것이 당시에 할머니 집은 동네에서 농사를 제일 많이 지었으며, 더구나 50대 중반의 시어머님과 30대 후반의 맏동서가 기다리고 있는 낯선 환경과 생소한 농사일 등 지금에서 생각을 해도 가마속 20살 신부의 마음은 누구든 짐작이 간다.

그래도 어머니는 그해의 3월이 지금까지의 인생에서 가장 아름답고도 멋지며 참으로 설레였던 봄이었다고 한다. 시집을 오자마자 농번기가 시작되는 줄도 모르던 철부지 20살 신부인 어머니는 70년이 다 된 지금도 그때의 그 봄날이 참으로 행복했고 그립다고 한다.

우리 4남매는 어머니의 퇴원과 봄맞이 채비를 위해 집안을 청소하고 화단과 화분에도 봄단장을 한다.

어머니는 당신이 봄꽃을 맞이하고 싶어서인지, 춘분 전에는 꼭 퇴원을 하고 싶다며 재촉하신다. 우리는 병상에서도 봄꿈을 꾸시는 어머니를 위해 집안 화단의 꽃들과 무심천 벚꽃이 피기 전 퇴원을 서둘렀다.

이번에 어머니의 입원으로 인해 우리 4남매는 자주 만났다. 어머니는 입원 치료의 불편과 고통속에서 우리 4남매를 대견해하고 고마워하면서도 한편으로는 자식이지만, 그래도 많이 미안한가 보다.

올해는 계절의 봄꽃보다도 어머니에게 건강의 꽃을 먼저 맞게 해드리고 싶다.

어머니는 병석에서 그 어느 해보다도 올해의 봄꽃이 많이 기다려지고 기대가 되는가 보다. 올봄에는 어머니의 몸과 마음에 건강의 새순이 일찍 돋아 아름다운 봄꽃과 함께 우리가족 모두의 웃음꽃이 활짝 피는 봄날이었으면 한다.

# 어머니 꽃

쑥국을 드시면서 어머니는 입맛이 쓰다고 하신다.

이제는 봄 입맛도 못 느낀다고 하시기에, 나는 얼른 "엄마 이 쑥은 원래 쑥 향기가 없고 약간은 쓴맛이 나는 쑥이야."라고 하였다. 어머니는 그러냐고 하시고는 맛있게 다 잘 드셨다.

나는 대충은 안다. 어저께가 외할머니의 기일이다. 물론 제사는 충주의 외삼촌이 지낸다. 외할머니는 어머니가 9살 때인 20대 후반의 젊은 나이에 일찍 돌아가셨다. 어머니는 살아오면서 항상 그런 외할머니가 불쌍하고 안쓰럽다고 하시며, 가슴으로 어머니를 그리워해 오셨다. 더구나 어머니는 어릴적 계모와의 또 다른 고단한 삶에 지쳐 가끔은 일찍 돌아가신 외할머니에 대한 원망이 그리움보다도 더 많았다고도 한다.

어머니!

누구에게나 어머니의 존재는 세월이나 나이와는 상관없이 그냥 그립고 보고 싶으며, 가슴에 안기고 싶은 어머니일 뿐이다.

올해 89세이신 어머니는 금년 들어 정말 갑자기 많이 수척해지셨다. 어머니는 올해의 봄이 어쩌면 당신에게는 마지막 봄일 것이라는 생각으로 계절정리를 하신다.

흔히 생활역술生活曆術에서 인생의 주기적 고비마다 항상 조심해야 한다는 아홉수에 대한 심리적 압박이 강하다. 그래서 어머니는 봄 입맛도 없다고 하시면서 올 봄을 더 아쉬워한다.

지난해부터 치매 초기에다 보행보조기의 도움이 없이는 거동도 불편하다. 어머니는 지금 어머니 인생의 과거와 현재를 이어주는 추억의 세월흔적을 많이 잊어버렸다.

내 생각에도 이제는 어머니의 시간이 그리 많지는 않을 듯싶다.

어머니는 1954년 21살에 시집을 왔고, 아버지는 결혼 석 달만에 나를 임신한 것도 모른 채 입대를 하셨단다. 그 후 어머니는 아버지의 제대까지 4년을 기다리셨다. 그때의 기다림이 인생에서 가장 길고 힘들며 간절한 기다림이었다고 회상하신다.

어머니는 우리 4남매에게 "세상살이는 기다림의 연속이라며 기다림은 살아가는 동안 기대이자 희망이며, 힘이요 용기였음을 그때 깨달았다."고 자주 말씀하셨다.

자식 4남매 결혼과 7명의 손자 그리고 손자와 손녀의 결혼에 증손자도 5명이다. 어머니는 지금이 당신의 인생에서 지금까지의 긴 기다림에 대한 보답이라며 참으로 행복하다고 하신다.

　나는 어머니에게 이제 머지않아 증손자들이 초등학교 입학을 하는 것도 보아야한다고 하니, 어이없다는 표정이지만, 말만으로도 흐뭇한 웃음을 지으신다. 그리고는 "애비야 이제 그 기다림은 내 몫이 아닌 애비 너의 시간 이란다."라고 하시며 웃으신다.

　하루가 다르게 어머니는 몸이 많이 불편해지고 있음을 어머니 자신이 더 잘 안다. 어머니는 "이제는 더 이상 너희들에 대한 기다림은 없지마는 단지, 내가 너희들에게 짐이 될까봐 걱정이다."라고 하시면서 모두를 다 내려놓으신 듯하다.

　어머니는 이제 마지막으로 하나의 기다림만이 남아 있다고 하신다.

　먼저 가신 아버님을 만나는 날의 기다림이란다. 그래서인지 어머니는 더더욱 내년 봄을 기약하려 하지 않는다.

　어제는 태어난 지 10달이 되도록 코로나로 인해 보지 못한 증손자가 보고 싶다고 하여 아들 내외를 오라고 했다.

　어머니는 증손자의 살맛이라도 보고 싶어서인지 얼굴을 비비려 하니 아이는 낯가림에 울고불고 난리이다. 온몸으로 발버둥 치며 버둥대는 증손자를 내려놓으며, 어머니는 말씀하신다.

　"그래 곧 헤어질 인연이거늘, 무슨 정이 필요하겠니?"하시면서도 증손자와의 첫 대면에 흡족하고 대견한 듯 눈을 떼지 못한 채 깊은 주름 웃음을 보이신다.

사월 초파일을 앞두고, 집안 화단의 배롱나무에 절에서 가져와 달아 놓은 연등燃燈을 바라보시는 어머니는 지금 무엇을 빌며 또 무엇을 기다리시는 걸까? 어머니는 50여 년을 절에 다니면서 지금까지 빌고 또 빌면서 오늘에 지금을 기다려 오신 것이 아닌가?

얼마 전 봉사 차 내덕동의 오래 된 단독주택에 사시는 독거노인을 방문한 적이 있다. 몸이 많이 불편한 86세의 할머니이다. 방문요양보호사의 도움으로 정말 어렵게 사신단다. 나는 '어머니? 어머니?' 하며 살갑게 대하니 할머니는 코로나로 인한 고독 탓인지 말동무가 제일 기다려지고 좋단다. 그 할머니 역시 평택에 사는 하나뿐인 딸자식이 많이 기다려진단다. 그리고는 사는 게 너무 힘들고 고통이라며 할머니의 바람과 기다림은 얼른 죽는 거란다. 왠지 장수시대가 모두에게 좋은 것만은 아닌 듯 서글프다. 지금은 장수고독의 시대이다. 그래서 고령의 우리 부모님들의 바람은 자식과 손자들이 자주 와 주기만을 바라는 것이다.

오늘도 정원 앞 파란 플라스틱 의자에 앉아 초점 잃은 시선으로 화단만 바라보며 따스한 봄 햇살을 마주하고 있는 어머니!

듬성듬성한 백발에 깊고 굵은 주름의 어머니 옆모습은 분명 우리 가족의 봄꽃이다. 어머니 꽃이다.

# 어머니의 웃음

　백로가 지나고 9월 중순이 되니 이제는 초저녁 바람에서 옅은 가을 맛이 난다.

　오늘은 추석 전 고향 친구들의 모임이다. 어린 시절 우리들의 고향은 80년대 도시개발로 인해 아파트단지와 상가로 변모해 지금은 어디에서도 옛 고향의 흔적을 찾아볼 수가 없다. 친구들도 젊어서 전국 각지로 흩어져 살면서 지금까지 타향에서 나이를 먹으며 추억 속의 고향을 그린다.

　몇 년 전부터 집안 동생이 옛 고향 동네 근처에서 식당을 하기에 우리들은 그곳을 사랑방 삼아 가끔씩 모인다. 한우곰탕 식당인데, 제법 맛집으로 유명세를 타는 식당이고 보니 오늘도 여전히 손님이 많다.

　우리의 옆자리로 예약을 했는지, 백발의 할머니가 딸인 듯 부축을 받으며 자리에 앉는다. 할머니는 우리를 쳐다보더니 밝고 맑게 먼저 웃는다. 완전 백발의 흰머리가 눈이 부신데, 피부도 참 고우시다. 얼핏 보기에 지금까지의 삶에 고생 없이 곱게 늙으신 듯, 세련된 멋쟁이 할머니이다. 전혀 나이를 짐작할 수가 없다. 그래선지 자꾸 두 사람한테 궁금한 시선이 간다.

음식이 나오기 전까지 두 사람은 친구같은 분위기로 대화를 한다. 손장난을 하면서 웃음과 표정 대화가 많다. 두 사람의 대화를 얼핏 들어보니, 딸과 친정엄마 사이였다. 딸은 수시로 엄마의 옷 매무새를 가다듬으며, 엄마의 자세를 바로잡아 준다.

음식이 나오자, 딸은 얼른 먼저 가방에서 턱받이를 꺼내 엄마에게 해준다. 물티슈로 손을 닦아주고는 수저를 들려준다. 그리고는 엄마의 입맛에 맞게 소금으로 곰탕의 간을 하고, 먼저 맛을 보고는 됐다는 듯 고개를 끄덕이며 엄마를 보고 또 웃는다.

곰탕속 고기와 김치도 가위로 잘게 썰어 엄마 앞에 놓아주며, 젓가락 대신 포크를 쥐여준다. 엄마는 손을 약간 떨면서도 식사를 잘 하신다. 식탁과 바닥으로 음식을 많이 흘리는데 그때마다 딸은 물티슈로 닦아낸다. 엄마는 음식을 먹으면서도 연신 우리 쪽을 바라보려 하니, 딸이 엄마의 고개를 억지로 돌리면서 우리를 보고 웃는다. 딸의 손놀림이 능숙하고 자연스러움에 보는 우리가 편안한 마음이다. 엄마는 또 딸에게 장난을 청하면서 해맑게 웃는다. 곱게 주름진 얼굴에 장난끼가 발동하니 더 예쁘다.

옛날에 엄마는 저 딸이 어렸을 때, 저렇게 하면서 어린 딸에게 밥을 먹였을 텐데, 지금은 딸이 엄마인 듯 고령의 엄마에게 정성이다.

밥을 먹으면서도 엄마는 여전히 부산하다. 휴대폰을 만지기도 하고 두 손과 두 발을 흔들고 두리번거리며 좋아한다. 정말 철부지 장난끼 많은 어린아이의 막무가내 행동이다. 엄마가 웃으며 즐거워하니, 딸도 덩달아 좋아한다.

딸은 제대로 식사를 못하면서도 보채듯 장난을 하는 엄마의 시중에 참으로 지극정성이다.

얼핏 엄마에 대한 사랑이 힘겹고 고달프게 여겨질 법도 할텐데, 밝게 웃으면서 엄마 숟가락에 고기를 얹어준다. 딸은 우리의 시선이 엄마에 대한 의아한 궁금증임을 알아차린 듯, 우리들에게 엄마가 한 3년 전부터 치매를 앓고 있다고 말해 준다. 그래도 다행히 말 잘 듣는 치매라며 엄마의 흰머리를 예쁘게 쓰다듬고, 귓볼을 만지면서 모녀는 또 소리없이 크게 웃는다.

곰탕을 다 먹고는 일어서면서 엄마는 웃음으로, 딸은 표정으로 우리들에게 인사를 하며 나선다. 나도 그분들에게 고개를 끄덕이며, 눈웃음으로 인사를 했다.

한쪽은 딸에게 기대고 다른 한쪽은 지팡이에 의지하며, 힘겹게 나서는 뒷모습과 걸음걸이가 영락없이 구순인 내 어머니 모습이다. 나이가 들면 모두가 비슷한 모습으로 늙어가는가 보다.

그분들이 간 뒤에 식당의 동생이 일러준다. 한 달에 한두 번 정도 오시는 단골손님이란다. 3남매 중 외동딸인데, 자기가 보아도 참 효녀란다. 80대 중반인 어머니는 20여 년 전 중학교 미술교사로 정년퇴직을 하셨는데, 엄마가 예전부터 곰탕을 좋아하셔서 모시고 오는 거란다. 지금은 그 맛을 알고 먹는지는 모르겠지만, 엄마의 건강을 위해서 온단다.

엄마에 대한 지극한 사랑과 정성이 넘쳐나는 딸의 모습이 참으로 인상 깊다. 딸이 어려서 받은 엄마의 사랑에 대한 헌신적이고 순수한 보답 사랑에 최선을 다하는 모습에서 구순의 어머니가 있는 나 자신을 돌아보게 한다.

나도 이번 주말에는 증손자들과 함께 어머니를 웃을 수 있게 해 드려야겠다. 어머니는 증손자들의 재롱을 볼 때가 제일 즐겁고 행복하다며 많이 웃는다. 모든 어머니는 나이와 치매와 상관없이 어머니의 웃음만으로도 우리 자식들 모두는 행복하고 즐거운 것이다.

# 문패

어느덧 3월이다. 경칩이 지났지만, 예년에 비해 올겨울은 포근하고 눈도 없는 봄 같은 겨울 날씨였다. 오늘은 아침부터 가랑비가 내린다.

거실에서 표정없이 화단을 바라보시던 구순을 훌쩍 넘긴 어머니는 "이번 비로 오후에는 무심천의 개나리도 꽃망울을 내밀겠구나." 하신다.

어머니는 이제 계절이 바뀌어도 아무런 심경의 변화가 없다고 하시며, 예전처럼 봄에 대한 기다림이나 설레임이 없다고 하신다.

지금은 봄이 온다 해도 그냥 재미없고 쓸쓸하고 심심하다며, 또 세월 탓 나이 탓으로 돌리신다.

어머니는 지나온 세월의 기억속에서 봄의 추억을 더듬어 보려 하지만, 요즘에 와서는 부쩍 아무런 기억을 하지 못하신다. 어머니는 지금까지 살아오신 많은 것들의 대부분을 잊어버리셨다.

그래서 올봄만큼은 어머니의 마음을 살짝 흔들면서 왔으면 한다.

화단 앞을 서성이시던 어머니는 비바람으로 약간 비뚤어진 대문의 문패를 지팡이로 바로 잡으려 애를 쓴다. 굽은 허리 펴기도 힘든데, 한참 만에 바로 세운다.

나는 어머니의 마음을 헤아려 문패를 깨끗하게 닦았다.

어머니는 깨끗해진 문패를 한참 동안 올려다보신다. 눈가에는 그리움의 미소인 듯한 표정이지만, 바라보는 시선은 그리움으로 무겁다.

가랑비를 맞으며 집안으로 들어가신다. 어머니는 얼마 남지 않은 기억속에서 옛날 아버님과의 추억을 생각하시는 것이다.

지금 이 집은 60여 년 전인 1966년 10월에 아주 오래된 허름한 양철집을 사서 10여 년을 사시다가 1977년에 2층 집으로 신축을 했다. 아버님은 그때 저 나무 문패를 처음 달았으며, 옻칠을 한 덕인지 50년의 세월을 잘 견뎌온 것이다.

아버님이 돌아가신 지도 15년이 되었지만, 아버님의 문패는 여전히 어머니와 함께 우리 가족과 이 집을 지키고 있다.

젊은 시절 자전거로 출퇴근하시던 아버님은 아침저녁으로 문패의 배웅과 마중을 받으려는 듯 항상 쳐다보시며 즐거워하셨고 나 역시 그 모습을 기억한다. 공무원이었던 아버님은 혼자의 힘으로 집을 장만하셨고, 아버님 스스로 내 집을 마련한 것에 대한 뿌듯함과 자부심이 대단하셨다.

아버님이 그토록 자랑스러워하셨던 문패를 오늘 자세히 보니, 문패도 세월을 아는 듯 오랜 세월 속에 이제는 많이 썩고 부식이 되었다.

어린시절 동네의 긴 골목 양쪽으로 집집마다 대문에 명찰 같았던 문패도 이제는 주거환경과 생활의식의 변화 속에 점차 사라져 가고 있다.

언젠가 한때는 범 국민운동으로 집집마다 문패달기 운동을 했던 기억도 새롭다. 요즘의 아이들은 문패를 알기나 할지?

나는 아버님이 이 집을 떠나시던 마지막 그날을 생각하면 눈물이 앞선다. 위암 수술 후 집에서 투병중 갑자기 병세가 악화되어, 119 구급대에 실려 병원으로 이송되던 그날이다.

그때 나는 어느 정도의 예감으로 눈물을 흘리며 아버님께 "아버님 이번에 병원으로 가시게 되면, 어쩌면 다시는 집으로 돌아오실 수가 없을 것 같아요."라고 했다.

아버님은 심한 통증을 참으시면서도 내 말을 알아들으신 듯, 119 구급대의 간이침대에 누워서 집안 천장을 둘러보시고는 대문을 나설 때는 고개를 돌려 문패를 쳐다보시면서 굵은 눈물을 흘리셨다. 그 모습은 지금도 생생하다.

아버님은 병원에서 10여 일간 계시다가, 음력 2월 초하룻날에 돌아가셨다. 그 후 어머니는 봄의 문턱인 3월이 되면, 아버님에 대한 그리움에서인지 유난히 힘들어 하셨다. 이제는 3월도 봄도 모두가 어머니와는 상관이 없다는 듯, 굳은 표정으로 가랑비를 응시하신다. 어머님은 그동안 살아오시면서 익숙해진 일상도 이제는 가끔씩 왔다갔다하는 치매로 인해 많이 낯설어 하신다.

  어머님이 살아 계신 동안만큼이라도 문패를 잘 관리해서 문패 속의 아버님 모습을 더 이상은 잊혀지지 않도록 해드려야겠다.

  마음속으로 간절히 기도해 본다. 다가오는 올봄은 어머니의 마음을 살랑살랑 흔들어 옛날의 기억들이 봄꽃처럼 활짝 피어날 수 있는 어머니의 봄바람을 기대해 본다.

# 이별 면회

올해는 예년에 비해 다소 이른 추석으로 9월 중순에 아버님 산소 벌초를 했다. 아직도 칡넝쿨과 웃자란 망초대 등이 잡초와 뒤엉켜 아주 높은 풀 담장을 한 채 가을 햇살에 말라 가고 있다.

긴 장마에 밀린 한낮 무더위도 한풀 꺾인 탓에, 기분도 시원하다. 아버님 앞이라서 그런가 보다.

어머니는 나무그늘에서 아버님의 산소만을 응시하신다. 그리고는 아버님과 속 깊은 대화를 하신다. 올해로 만 11년째이다. 자연스럽고 편안해 보이시니, 벌초하는 나는 힘이 더 난다.

산소에 오실 때마다 나이 탓 건강 탓을 하시며, 매번 이제는 마지막임을 강조하셨다. 오늘도 이미 마음은 정리를 하신듯 한 모양새다. 이제 구순을 바라보는 연세에 허리 압박골절의 수술 후유증을 감안한다면, 이정도의 거동도 참으로 다행이며 대단하다.

잠시 땀을 식히는 틈에 어머니는 내게 당신의 시어머니이신 할머니 산소에 가자고 하신다. 할머니 산소는 이곳 아버님 산소 위쪽으로 약 200여 미터를 더 올라가야 한다. 어머니로서는 다소 무리이다. 그래도 고집하신다. 산길 중간에 참나무 마른낙엽이 수북하니 매우 미끄럽다. 나의 부축으로도 힘겹다. 결국 어머니는 두손 두발로 엉금엉금 기어서 오르신다. 편하고 힘이 안드신다며 먼저 말씀하신다. 나는 그 말의 속뜻(내가 힘들까 해서)을 알기에 나도 말리지 않는다.

어머니는 할머니 산소에 오신지가 5~6년 정도 된다며, 자주 못 온 탓을 세월과 불편한 몸이 아닌 오직 당신이 불효라며 자책하신다.

할머니 산소앞에서의 어머니는 영락없는 그 옛날의 착하고 순진한 젊은 며느리이다. 술 한잔을 올리면서 나이답지 않은 굵은 눈물이 깊은 주름골을 타고 무겁게 흘러내린다. 잔속 술보다 눈물이 더 많다. 나이가 들어도 눈물은 줄거나 마르지가 않는 모양이다. 기도하듯 무언가 혼자 말씀을 하신다. 고부姑婦간 못다 하신 그 오랜 세월을 다 토해 내신다.

어머니는 오랫동안 애지중지 잘 간직해온 은색비녀를 할머님께 돌려드린다. 비녀는 할머니가 돌아가시기 며칠 전 어머니께 주신 거란다.

며느리에 대한 시어머니의 애틋한 사랑의 징표이다.

할머니는 79세로 돌아가신 지가 40여 년이 되셨고, 현재 어머니는 할머니가 돌아가실 때의 나이보다도 10년을 더 살고 계시니, 항상 감사해 하고 고마워하신다. 어머니는 이 모든 장수복長壽福이 시어머님의 보살핌이라고 하신다.

아버님이 살아계실 때, 두 분은 부모님 산소인 이곳을 자주 찾아 봄에는 봄나물을 뜯고, 가을에는 도토리를 주우셨다.

어머니는 다섯 며느리 중 셋째로서 유독 시어머니의 사랑을 가장 많이 받으셨단다. 아니 어머니는 그만큼 어렵고도 힘든 시집살이 고생을 많이 하신 것이다.

20살에 시골 부농으로 시집와서, 아버님은 바로 군 입대, 많은 농사일과 제사봉양 등 시어머니와 맏동서 밑에서 7년여의 젊은 새댁 고생을 할머니는 인정하신 것이다. 살아생전 할머니는 청춘새댁인 어머니의 시집살이를 무척 안쓰럽고 미안해 하셨단다. 그러나 지금 어머니는 당시 시집살이에 대한 그리움과 시어머니의 사랑을 몇 배의 눈물로 고마워 하신다.

어머니는 시어머니에게 오늘이 마지막임을 분명하게 하시려는 듯하다.

누구든 마지막의 모습은 숨기려 해도 감정이 앞서기에 티가 나게 마련이다. 어머니의 속 깊은 마음을 알기에 내 마음도 애잔하다.

산소를 둘러보며, 맨손으로 상석을 닦고 봉분의 잔디를 쓰다듬고 또 쓰다듬으면서 여전히 눈물은 멎지 않는다. 앞으로는 더 이상의 눈물이 필요치 않을 모양이다.

　내 생각에도 어머니의 건강을 생각한다면, 아마도 오늘이 어머니 생전 할머니 산소는 마지막일 듯싶다.

　오늘은 이승과 저승의 만남이라지만, 다음에는 저승에서의 영원한 만남을 기약하시는 듯하다.

　오늘 어머니는 시어머니에 대한 생애 마지막 효를 다하셨다. 구순이 다된 며느리의 이별예의였다.

　지치고 힘든 모습에서 점차 침착하고, 차분한 안도감으로 돌아선다. 어머니는 내게 나즈막하게 말씀하신다. 오늘이 할머니의 마지막 면회였다고….

　그리고 어머니는 자손들을 잘 보살펴 달라는 소박한 바램의 마지막 부탁의 말씀을 하시면서 뒤돌아 보고는 또 눈물을 닦아낸다.

　어머니는 갈수록 잊혀져 가는 우리 집안의 전통과 가족간의 끈끈하고 화목하며 다복했던 옛날의 정을 많이 그리워하신다. 힘은 들었어도 그 시절이 참 좋았단다. 그게 추억이고 그래서 그리운거다.

　뒤뚱뒤뚱 어머니의 오리걸음 뒷모습이, 그 옛날 내가 보았던 할머니의 그 걸음걸이 그대로이다.

　저 걸음걸음마다에 지나온 세월의 무게와 얼마 남지 않은 시간의 아쉬움이 함께 묻어 걸어간다. 이제 어머니의 저 자리가 내 자리이구나.

　오늘은 세월에 밀리며 약해지는 어머니의 작은 모습에서 어머니가 내 나이였을 때를 생각하니 내 눈가가 촉촉해진다.

　평범한 진리인 부모 생존시 효도를 해야 한다고 하는데, 오늘의 어머니 모습에서 이제는 정말 시간이 없음을 알았다. 어머니의 손을 꼭 잡고 낙엽쌓인 비탈진 산길을 내려오면서, 나는 속으로 '아차'싶었다.

　오늘 이 자리에 아내와 손주인 아들 녀석이 함께하지 못했음이 못내 아쉬웠다.

## 할머니 모임방房

　밝은 연노란색의 낮은 담장 아래 비슷한 보행보조기 두 대가 놓여 있고, 하늘색 낡은 철제대문 안 방문 옆에는 투박한 지팡이 하나가 비스듬히 놓여 있다.
　담장 위에는 빨간 큰 장미꽃이 둘레를 치장하고 개나리가 피고 지면 장미가 오고, 이 장미꽃이 피고 가면 또 배롱나무 꽃이 핀다.
　모두가 할머니들의 꽃이다.
　집 대문에 빨간색의 커다란 '할머니 모임방' 표지판이 문패이고 모두의 명찰이다. 동네 할머니들의 생활쉼터이다. 옛 연탄 구들로 된 할머니 모임방은 우리 동네에서 가장 오래된 주택이다.
　아버님 살아생전에 어머니와 두 분이 이곳 단독주택에 살면서 나무와 꽃들을 잘 가꾸셨다. 아버님 돌아가신 후 어머니가 아버님을 대하시듯 변함없이 더 큰 사랑과 정성으로 꽃과 나무들을 가꾸신다.

꽃과 나무는 매일 오시는 동네 할머니들의 친숙한 친구이다.

얼마 전 어머니가 할머니들이 매일 찾는 집인데, 콘크리트 회색담장이 칙칙하고 차가워 보여 너무 노인스럽다고 하시기에 연 노란 젊은 색으로 페인트칠을 다시 하였다. 화단의 꽃들은 모두가 시샘을 하였지만, 골목과 도로까지 아주 밝고 환하다.

어머니와 할머니들 모두는 자신들도 젊어졌다며 매우 흡족해하신다. 보람과 행복함을 느꼈다.

아무리 나이가 든다 한들 누구나 젊음과 아름다움에 대한 애착은 변함이 없나 보다. 할머니들은 매일매일 우리 집 할머니 모임방으로의 나들이가 하루의 일과이다.

하루 종일 수다 섞인 자기 자랑이 반이고, 고스톱이 반이다. 그래서 할머니들은 이 모임방을 무척 좋아하신다.

특히 자식보다 손주 자랑, 옷이나 신발자랑, 옛날 자신들의 젊음자랑 등 할머니들이 하는 자랑은 수도 없고 끝이 없다. 할머니들의 자랑은 세월자랑이니 곧 건강의 징표이다. 모두가 할아버지가 안 계시니 갈수록 며느리 자랑이 많아진다. 아무래도 같이 늙어감에 고마움과 미안함을 의식하나 보다.

그런데 할머니들은 오늘 하신 자랑이 이미 어제 한 자랑이며, 아마 내일도 또 하실 자랑들이다. 그래서 할머니들은 자랑하는 게 일상이고, 그렇게 자랑하는 게 또 자랑스러운 거다. 그렇다, 노인들의 건강비결은 같이 모여서 대화하고, 어린애처럼 즐겁게 놀면서 함께 식사를 하는 것이 아마도 최고의 보약이며 건강 장수의 비법이다.

할머니들은 하루하루 서로가 서로의 불확실한 미래를 걱정한다. 갈수록 할머니들의 대화도 무거워지나 보다. 노화로 늙어감이 장애이고, 삶의 불편함이 미래의 불안이다.

그래서 떠나고 병으로 헤어지는 친구들을 의식해서일까, 요즘 어머니의 모습이 지난봄 같지는 않다. 조그만 일에도 크고 예민하게 반응하신다. 이미 많이 기울어진 세월의 불균형으로 인해 감정도 건강도 모두 아슬아슬하다. 어머니는 혹시 할머니 모임방이 폐쇄될까 봐 걱정을 하시는 눈치이다.

지는 해가 담장 아래 보행보조기와 방문옆 지팡이를 스치면서 할머니들을 부른다. 오늘은 더없이 애잔하면서 아름다워 보이는 할머니들의 그림자이다. 이런 모습을 언제까지 볼 수 있을는지?

보행기에 의지한 오리걸음 뒤로 지금까지의 세월과 각자의 인생들

이 줄줄이 뒤따르고 있다.

내년 봄에는 할머니 방의 도배도 산뜻하게 하고, 담장에 예쁘고 재미있는 담장벽화를 그려드려야겠다. 할머니들이 더 젊어져서 오래도록 즐겁게 함께 할 수 있도록 말이다.

## 이 망할 놈의 망개떡!

　낮은 파란 담장 너머로 넘겨다보니, 방문 앞에 신발들이 가지런하다.
　기와담장 위 넝쿨장미는 꽃망울이 부풀었고 집안 화단에도 봄이 가득하다.
　어머니 집은 동네 할머니들이 거의 매일 모여 서로 의지하며, 즐겁게 생활하는 우리 동네 할머니들의 집이다.
　모두가 고령이며 홀로 산다는 같은 처지인지라, 매일 매일을 서로가 의지하는 한 가족이다. 그래서 어머니 집은 우리 동네의 할머니 모임방으로 널리 소문이 나 있다.
　이제는 할머니들 모두가 구순을 바라보는 팔순 중후반의 동네 식구들이다.
　언제나처럼 오늘도 문밖까지 TV 소리가 크게 들린다. 대부분이

고령으로 귀가 어두운 탓이다. 방문을 여니 TV는 혼자 떠들고, 할머니들은 고스톱에 열중이다.

고스톱 칠 때의 할머니들은 여전히 젊고 생기가 넘친다. 눈빛과 눈치 그리고 집중력이 대단하다. 뒤편에서 훈수나 편을 들어주는 할머니의 표정연기는 더 명품이다.

그러면서도 가끔은 나이와 세월을 잊은 순간욕심 탓에 다투고 토라지며 잘 삐진다. 그러고는 서로가 서로에게 철부지라고 탓하면서 또 즐거워한다.

할머니들 서로는 언니 동생하며 반올림한 상냥한 반말 속에 가끔은 뒤바뀐 나이가 오히려 더 정겹고 친근하다.

문을 열고 엉거주춤 서있는 나를 연탄 댁(옛날 아저씨가 청주에서 연탄공장을 오래 다녀서 붙여진 별칭) 할머니가 들어와 앉으라고 하면서, 지난번에 그놈의 망개떡인지 망할 놈의 떡인지를 먹고는 할머니들이 난리가 났다고 하신다.

나는 영문을 모른 채, 순간 의아하고 궁금함에 돌아가며 할머니들의 표정과 눈치를 살폈다. 어머니가 웃으시며 먼저 말씀하신다.

지난주 토요일 내가 경남 사천에 갔다 오면서 의령읍내 전통시장에 들러서 사다 드린 망개떡 때문에 할머니들이 한바탕 소동을 치렀단다.

그날 망개떡을 처음 먹어 보신다는 할머니가 얼른 먼저 망개떡을 나뭇잎채로 그냥 먹다가 속앓이를 하셨고, 다른 할머니는 떡 하나를 통째로 잡숫다가 틀니에 끼여서 고생을 하셨단다. 나는 왜 그랬는지 대충은 짐작이 가기에 그저 웃음이 먼저 난다.

 '아이고 서로들 많이 잡수려고 욕심을 부리다가 탈이 난거네요' 하고는 '누구시냐'고 되물으니 할머니들 모두가 자기는 아니라는 듯, 이내 크게 손사래를 치시며 모른 체 하신다. 그래도 나는 얼른 누구인지를 안다.

 이미 그 할머니의 속마음이 눈빛과 큰 웃음으로 자백을 하신 것이다.

 할머니들의 장난끼 있는 행동과 웃는 모습이 유치원의 어린아이처럼 천진난만하다.

 보는 내가 가장 어른이고 참 재미있다. 해맑은 웃음 따라 함께 춤추는 굵은 얼굴 주름에서는 각자 할머니만의 세월이 뚜렷하다.

 오랜 세월 함께해 온 동네 식구들이다 보니, 나이가 들어갈수록 서로가 많이 닮아간다. 생각도, 행동도, 식성도, 표정 모습까지도….

 할머니들은 망개떡이 차진 듯 부드러우며 씹을수록 입안에 퍼지는 향기품은 달콤함이 맛있단다. 인절미와 찹쌀떡과 양갱을 한꺼번에 먹는 맛이란다.

 그래선지 그놈의 망개떡이 씹으면 씹을수록 달고 맛있다며, 다음에 기회가 되면 또 사오라고 하신다.

 흔쾌히 알았다고 약속을 하고 다음에는 많이 사올테니, 나이에 상관없이 고루 나누어 잡수라고 하자, 할머니들은 어린아이들처럼 고스톱을 치다가 화투박수로 내 약속에 화답을 한다.

이게 바로 매일매일 동고동락하는 우리 동네 할머니들의 모습이다. 어찌 보면 세월과 늙어감이 오히려 할머니들을 더 즐겁고 화목하게 한다. 참으로 다행이고 감사하다.

나는 노인들은 그다지 세월을 의식하지 않는 줄 알았다. 아니 계절과 세월에 무심하거나 무관심 한 줄 알았다. 오히려 세월이 나이든 할머니들을 비켜가는 줄 알았는데, 아니다. 할머니들이 생각보다 세월과 계절에도 민감하다. 세월의 무게이든, 나이 무게이든 모두를 다 무거워하신다. 요즘 노인들이 유난히도 고독하고 노인질환으로 힘든 사람들이 많다. 노년 고독은 또 다른 노인들의 생활 질환이다. 세월과 병마病魔앞에서 누군들 어찌하랴

세월과 늙음은 누구에게나 공평하다. 지금에 저 할머니들의 모습이 머지않은 미래의 우리들의 삶이다. 그래서 할머니들의 건강과 화목을 위해 좀 더 잘해드려야겠다.

2

## 단기출가 그 후

부처님! 또 한번의 기적을…/ 단기출가 그 후
마애불상을 찾아서/ 억척같은 인생을 악착같은 삶으로…
남도南道의 가을 향香/ 제천사랑의 인연/ 진해는 제2의 내 고향
무심천 벚꽃/ 가을맞이 산행/ 글맛 기행

## 부처님! 또 한번의 기적을…

열암곡 마애부처님! 너무하십니다. 왜 아직도 600여 년 동안을 엎드려 수행만 하시는 겁니까?

아니면, 이 세상 무엇이 그리도 밉고 보기가 싫으신겁니까?

부처님, 정말 뵙고 싶습니다. 이제 그만 어서 일어나십시오

휴일이라 붐빌 듯 싶어, 이른 새벽차림 그대로 먼 길을 떠나 아침 일찍 경주 남산 끝자락의 열암곡에 도착하니, 한여름 무더위는 새벽을 모르는 듯 무덥기만 하다. 금방이라도 소낙비를 부르려는 듯 물안개가 산 전체를 덮고 있다.

이른 아침인데도 생각보다 많은 사람들로 붐빈다. 나 역시도 열암곡 마애부처님이 발견된 이후 오늘에 이 순간을 가슴에 간직해온 터라, 급한 마음 달래가며 가쁜 호흡을 몰아쉬다 보니, 단숨에 800여 미터를 올랐다.

계곡의 물은 바위 밑으로 숨어 흐르고, 바람소리도 조심스러워하는 옛 선조들의 불심 기운이 오롯이 서린 열암冽岩계곡이다.

병풍을 친 듯 곱게 자란 소나무와 물오른 대나무가 푸르름을 자랑하며 먼저 반긴다.

얼핏 보아도 80세는 넘어 보이는 옅은 회색 법복을 차려입으신 할머니가 한 걸음 한 걸음을 지팡이에 의지한 채 땅만 내려다보며 가신다. 앞서가려는 내가 미안함에 웃으며 "힘내세요. 할머니, 다 왔네요."라며 인사를 건네자, 깊게 주름진 얼굴에 고운 미소로 답하며 고개를 끄덕이신다.

스치고 마주하는 모든 이의 얼굴에는 굵은 땀방울과 함께 열암곡 마애부처님을 친견하려는 간절함이 역력하다.

각자의 욕심이나 소원이 아닌 오직 하나만을 위한 염원인 듯 더욱 그러하다

1500년 비밀의 문을 열고, 열암곡 부처님이 벌떡 일어서기만을 바라는 모두의 하나같은 바로 그 바램이 아닐까 싶다.

두 무릎을 꿇고 코가 땅에 닿아야만 뵈올 수 있는 열암곡 마애부처님!

나는 오늘 부처님과의 첫 대면이자, 직접 참배의 흥분으로 숨도 쉬지 않고 3배를 올렸다.

내 옆에는 초등학교 저학년 학생인 듯한 어린 남자아이가 부처님을 찾지 못한 듯, 인파로 붐비는 틈새에서 이리저리 왔다갔다 두리

번거리더니, 절을 하는 엄마의 바지춤을 잡아당기며 보챈다. 염주를 손에 쥔 젊은 엄마는 아이의 보챔에도 아랑곳하지 않고, 열심히 절을 하는 모습에 간절함이 땀으로 묻어난다.

나는 많은 인파에 밀려 자리를 비켜주고, 열암곡 마애부처님을 지켜주시는 석불좌상 우측 뒤편의 널따란 바위 위에 편하게 자리하여, 쉬엄쉬엄 108배를 올린다.

600년 세월을 엎드려 숨어지낸 열암곡 마애부처님! 지극정성으로 발원합니다. 이제 그만 일어나시어 1500년 세월의 무게를 벗고, 세상과의 인연을 맺어 저 많은 중생들에게 부처님의 자비를 베풀어 주십시오.

올 여름 최고의 폭염과 열대야의 무더운 날씨에 108배의 기도 열기가 더해지니 온몸이 땀에 젖는데, 간간히 불어오는 열암곡 계곡 바람이 마음의 땀까지 시원하게 씻어준다.

기적의 마애부처님을 뵙고자 찾아온 수 많은 사람들의 기쁨과 감격의 원력이 계곡을 넘쳐나고, 바위보다도 더 무거운 불심의 기도로 부처님이 바로 서기만을 모두가 기원한다.

오늘 열암곡 마애부처님을 뵙고 아주 소중한 인연을 맺어서인지, 집으로 돌아오는 600리의 먼 길이 가깝기만 하다. 집에 도착하자마자 나는 구순이 넘은 어머님께 열암곡 마애부처님 사진을 보여 드리며, 자세히 설명을 해드렸다.

어머니는 올 봄 텔레비전 방송에서 열암곡 마애불에 대한 특별방

송을 할 때 눈여겨 보시며, 누워있는 부처님이 얼마나 힘들고 답답하겠냐며, 안쓰럽다고 하시면서 살아생전 꼭 한번은 가보고 싶다고 하셨다. 그때 나는 어머님께 저 부처님이 일어나시면, 어머님을 꼭 모시고 가겠다고 약속을 했다.

어머니가 불교와의 인연을 맺은 것은 어머니가 40대 중반 내가 군 입대를 하자, 외아들인 자식 걱정에 스스로를 위안받고자 절에 다니기 시작하셨다. 그후 지금까지 반세기의 긴 세월 동안 청주 근교의 부모산에 있는 사찰을 지극정성으로 다니셨다. 그런 어머니가 이제는 치매로 인해 옛날의 많은 것 들을 잊어버리셨지만, 그래도 여전히 불교방송의 염불이나 찬불가를 무척이나 좋아하시는 것만으로도 다행이다.

나도 어머님 덕으로 일찍이 불법을 만나는 인연을 맺어 지금은 취미가 사찰 순례라고 할 만큼 전국의 많은 사찰과 암자를 찾아다녔다.

예전에는 여름휴가 때면, 전국의 여러 사찰을 돌며 템플스테이를 했으며, 2015년 6월에는 직장에서 정년퇴직을 하면서 월정사에서 머리를 깎고, 한 달간의 단기출가를 경험하기도 했다. 그때의 경험들이 나이 들어가는 지금의 나에게는 정말 소중한 생활자산이다. 그 후 나는 주변의 많은 사람들에게 참되고 슬기로운 삶과 건강을 위해 템플스테이 체험과 불교대학의 공부를 적극 권하고 있다. 지금도 나는 가끔씩 절에 가서 혼자만의 명상과 관조觀照의 기도로 나 자신의 삶을 추슬러 본다.

　이제는 열암곡 마애부처님이 일어서신다 해도, 어머니와의 약속을 지킬 수가 없을 것 같다. 현재 어머니는 치매와 노환으로 인해 보행이 어렵고, 휠체어에 의지한 채 하루하루 구순의 나이 고비를 힘겹게 버티고 계신다.

　지금에서 또 다른 바램이라면, 열암곡 마애부처님이 일어서시는 그날까지 어머님이 살아계시기만을 기원하며, 그때는 어머님 대신 친손자와 쌍둥이 외손자의 손을 잡고 열암곡 마애부처님을 뵈러 갈 것을 다짐해 본다.

　열암곡 마애부처님! 지혜광명으로 미래 천년의 정토세상을 위해 하루빨리 벌떡 일어서시는 또 한번의 기적을 간절히 염원합니다. 부처님, 이제 그만 일어나십시오.

# 단기출가 그 후
– 부처팔이 사깃꾼

드디어 내가 삭발 출가를 하는구나. 이 나이에, 어떻게, 무슨 연유로….

불가佛家에서는 머리카락을 밝음을 가리는 풀이라 하여 무명초라 한다. 그래서 출가시 삭발은 인간의 세속적인 번뇌와 망상의 얽매임과의 단절로 욕심과 교만을 버리고 깨달음을 얻기 위함이다. 즉 지금까지 속세에서의 자신을 버리고 새로운 탄생과 고행 수행의 결연한 의미로 삭발을 한다.

돌아보니 나의 삭발도 어느덧 4년여의 세월 속에 먼 듯이 가깝고도 그립다.

2015년 6월 28일 34년의 회사 정년에 맞추어 내 인생의 마지막 전환점이라는 생각에 나름 비장한 각오와 결기로 무장한 채 4주간의 단기출가短期出家를 위해 오대산 월정사로 향했다.

팔순이 넘어 몸이 다소 불편하신 어머님께 출가 인사를 드리고 돌아서니 뒤에서 들리는 어머님의 헛기침 소리에 출발부터 마음은 갈등이고 발걸음은 무겁다.

60년 세월 동안 함께 해 온 나의 모든 인연의 이삿짐을 한꺼번에 정리하는 듯 착잡하고 낯설며 마음이 부산하다. 가족들과도 가장 긴 헤어짐이다. 월정사까지는 500여 리 먼 길이다. 가는 동안 지금까지의 삶에 대한 많은 것을 회상해 본다.

반성과 후회, 아쉬움과 미안함, 미움과 그리움, 그리고 용서와 원망 등 모든 것이 한꺼번에 뒤섞이는 잡탕감정이다.

이제는 되돌릴 수도 돌아갈 수도 없고, 살아가면서 그저 그리워해야만 하는 나의 60년이다.

기억난다. 그때 월정사에서의 단기출가 생활이 매 순간들마다 호기심으로 생소했고, 힘들었던 것만큼 생생하며 그립고 소중하다.

삭발한 거울속의 내 모습에서 지금의 내가 아닌 아주 어릴적 귀여움의 옛 모습 윤곽이 또렷이 되살아남에 절로 웃음이 난다.

4주간의 출가생활이 나이 탓일까 부족함일까, 정말 군대보다도 더 힘들었다. 일주문에서 적광전 팔각구층석탑까지 우리나라 최고最古의 전나무 숲길에서부터 삼보일배로 시작한 입산고행의 단기출가 신고식.

새벽 3시 기상에 밤 9시 취침, 아침과 저녁 한 시간 이상의 예불과 108배, 어려운 불경 공부의 두통, 좌선과 참선의 팔다리 허리 고통,

그리고 식사 준비시간이 식사시간의 3배가 넘는 발우공양, 1,563m의 오대산 비로봉 정상 등정과 주먹밥의 고행체험, 마지막 날 철야 삼천배(나는 천배도 못했지만….) 이 모두가 한마디로 정말 논산육군훈련소 때보다도 더 힘든 정신적, 육체적 고통이었다.

흔히 세상살이 힘들다 해도 출가만이야 하겠는가? 라는 절집 말이 실감난다. 가끔 점심공양 후 약 30분정도 천년 옛길인 선재길 포행은 마음속 불만과 육체적 고통에 청량제로 많은 위안이 되었다.

또한 출가 단체생활에서 지켜야 할 청정한 규칙인 청규위반 벌칙으로 108배, 300배하던 기억에 우리반 소임 청중스님께서 화를 내심에 모두가 놀라고 의아해했던 순간들(아니, 스님도 저렇게 불같은 화를….)

그래도 생각해 보면 내가 가장 힘들었던 것은 4주간의 묵언默言과 차수叉手생활 그리고 외부와의 완전 단절된 생활이었다. 여기에 또 하나 나만의 고통은 믹스 커피 맛의 유혹이 아니었나 싶다.

말없이 생활한다는 것, 말 안하고 생활한다는 것은, 정말 말도 아닌 고통이었다. 그런데 이 모든 고통이 다 불편함이 아닌 부질없는 욕심이고 망상이란다. 글쎄다, 나는 도무지 이해가 되지 않고 뜬구름 같은 말이다.

답답하고 불편함도 시간이 지날수록 익숙해지면서 오히려 나는 잡념과 눈치와 잔꾀의 장난끼가 발동한다. 몰래하는 규율 위반의 스릴적 쾌감이나 성취감, 스님을 골탕 먹이는 청개구리 마음, 몸짓 대화와 소리내지 않고 웃는 표정웃음에서 나는 영락없이 바보같은 천진난만한 60대 개구쟁이 동자승이다.

순간순간은 힘들지라도 50여 명의 도반道伴들과의 천방지축 출가생활은 정말 무더운 한여름의 시원한 꿀맛 고통이었다.(지난 후 생각할수록….)

세월 인연따라 어느덧 단기출가 후 5년여의 시간이 흘렀다.

사진속 삭발한 내 모습에서 이미 나는 그때 고승高僧이었다. 그동안 그 사진 한 장으로 환속스님 행세하며 부처팔이 사깃꾼 행세를 즐겨 왔다.

못 믿는 듯 속아주고 호기심에 의아해하는 여러 표정들이 그냥 재미있다.

쌓여만 가는 업業의 무게는 느끼지는 못한 채 단기출가 인연으로 나는 영낙없는 부처팔이 사깃꾼이 되었다.

불교 오계五戒 중 하나인 '거짓말하지 말라'는 계율, 즉 불망어不妄語를 되새겨는 보건대….

4주간의 잠시 출가 나들이를 마치고 회향한다. 익숙해진 불경소리에 의지하여 부처님께 감사의 기도로 미래인연을 기약하며 월정사를 나선다.

시절과 세월인연은 뒤로하고 청정한 마음으로 깨어있는 또다른 나를 찾아야함이 단기출가로부터의 환속還俗 이유이며 각오이다.

함께한 도반들에게 진정 고마움과 감사의 행복감을 느꼈다. 나는

젊은 도반들에게 정말 많은 용기와 도움을 받았다. 그 도반들 지금 어디서 어떻게 지내고 있는지 보고 싶고 그립다.

4주간 만행萬行의 정을 쌓은 월정사도 이별인연을 아쉬워한다. 삭발머리를 쓰다듬고 쓰다듬으며 돌아보고 또 돌아보니 손 흔드는 스님들의 모습에서 출가자의 이별 역시도 가슴 아프긴 마찬가지인가 보다.

어찌하랴, 스님도 사람이고 만남과 헤어짐은 욕심이 아닌 우리 삶의 일상이고 정이며 인연인 것을….

# 마애불상을 찾아서

　마애불磨崖佛은 바위에 새긴 불상이기에, 흔히 벼랑부처라고도 한다.

　바위 표면을 깎아 불상을 조성한 것이지만, 속뜻으로는 바위속 깊이 숨어서 때(시기)를 기다리는 부처님을 세상 밖으로 모셔온 것이라고 한다. 그래서 마애불은 지극정성과 깊은 원력불심願力佛心[1]의 바위신앙이다.

　남원시 대강면 사석리 문덕산 정상부근의 마애불상은 근래에 발견된 것이다. 아직은 정확한 조사와 학술적 연구가 되지 못했다. 더구나 현장의 안내표지나 등산로도 제대로 되어 있지 않으니, 그저 아쉽고 안타깝다. 그러기에 아직도 때가 아닌 듯 여전히 숨어지내며, 속세의 사람들을 부끄러워하는 거대 마애불상이 아닌가 싶

---

1) 부처에게 빌어 원하는 바를 이루려는 자비로운 부처 마음의 힘

다. 아니 부끄러움이 아닌 거부하는 것인지도 모른다. 그래서 나를 더욱 설레게 하고 간절하게 유혹하며, 초조하고 조급하게 만든다.

 석 달 전 1차 시도를 했으나, 의외로 짙은 안개비와 동네분들의 만류로 포기하고 오늘 재도전이다. 그래서 오늘의 마음가짐과 각오는 남다르다.

 미지의 세계에 도전하는 탐험가의 개척정신으로 무장하고 결기를 가다듬는다. 오로지 최근 등산객들이 올린 인터넷 안내에만 의존할 수밖에 없다.

 산 아래 멀리서보니, 산봉우리들이 송곳니 같이 매서운데, 이름은 재미있고 옛스러워 정겹다. 삿갓봉, 두바리봉, 고리봉, 옥녀봉….

 길없는 길을 만들면서 가파른 산길을 오른다. 기대와 고통을 함께하며 내심(內心)은 불안하다. 힘들게 오르는데 이 길이 맞는지 확신이 없다. 추측으로 어림잡아 머릿속에 등산로를 그려가며 오른다. 오직 부처님에게만 의지한 채.

 칼바위 돌산인지라 만만치가 않다. 두바리봉에 도착하니, 험한 바위능선이 자연등산로이다.

 멀리 섬진강 물줄기가 굽이굽이 그림을 그리며 내게로 다가온다. 산아래 사석리의 이곳저곳 시골마을과 금지평야는 그대로 살아 움직이는 그림이다. 강바람 산바람이 앞뒤에서 서로 먼저 나를 안으려 한다.

 왼편으로 오래돼 보이며 관리가 되지 않고 표지석도 없는 무명의 산소가 있다. 봉분에 아카시아 나무가 자라고 잡풀과 돌들로 어지럽다. 마음이 심란하고 숙연해진다. 합장 반배半拜의 예를 갖추고 잠시 둘러본다.

많은 의문이 든다. 누가 이런 높은 바위 산등성에 무슨 연유로 산소를 모셨을까. 분명한건, 아마도 이곳이 산소주인에게는 정말 최고의 명당일 것이다. 그리고 이곳에 조상을 모신 후손들은 복을 많이 받은 효자들일 것이다.

산등성 삼거리 갈림길에서, 표지판을 만나니 사람을 만난 듯 반갑지만, 마애불 안내표지가 아니기에, 여전히 의지할 곳 없는 산속 고아이다. 주변을 한참 동안 홀린 듯 헤메다가, 우측 급경사면으로 자꾸 시선이 간다.

예감과 긴장감으로 조심스레 20~30미터를 내려가 보니, 커다란 바위가 돌아서 숨어 있다. 숨어있는 바위속에 다시 또 마애불이 숨어 있으니 감격스럽고 황홀하다.

서산의 햇빛이 열어주는 환한 마애불과의 첫 대면에, 온몸에 반가움과 경건함의 전율이 흐른다.

동네분들이 공덕功德을 많이 쌓고 정성으로 빌어야만 뵈올 수 있는 마애불이라고 했는데. 오늘 나는 예외인 듯 부처님의 덕이다. 그래서 부처님께 더 감사하고 행복하다.

거대한 마애석불좌상이다. 자칫 멀리서 보면 마애석불입상으로 착각할 수도 있다.

하루 종일 태양을 바라보며 합장合掌[2] 기도로 근엄하고 늠름하면서도 지친 듯한 묘한 표정의 좌불상坐佛像이다. 아쉽고 안타까운 것은 불상 좌대座臺 아래 바위가 세월에 많이 훼손되었다.

부처님이 나를 수줍어하신다. 눈길을 안 주시고 멀리만 보신다. 내가 다시 나를 돌아본다. 부처님은 아직도 사람들과의 만남을 부끄러워하시는가 보다.

연화대좌蓮花臺座[3] 위에 결가부좌結跏趺坐[4]로 좌정하고 합장을 한 마애불상, 가는 눈에 도톰한 입술, 코는 납작형, 머리는 소발素髮[5]이다. 얼핏 고려시대 마애불상과 유사하지만 아직은 연구 중이란다.

선각線刻으로 선명하며, 목의 삼도三道는 굵고 뚜렷하다. 법의法衣[6]는 통견通肩[7]이다.

특이함은 조각된 불상의 바위 아래, 마치 신발을 벗어 놓은 듯, 별개의 우람한 두 발을 만들어 놓은 것이다. 참 이상하다. 무슨 깊은 뜻이 있는 건지? 얼핏 불상이 벌떡 일어나 속세의 중생들을 맞이할 것만 같다.

---

[2] 두 손바닥을 합하여 마음이 한결같음을 나타내는 불교의식의 경례법.
[3] 연꽃줄기를 도안한 불상이나 스님이 앉는 자리.
[4] 오른발을 왼쪽 허벅지 위에 얹은 다음 왼발을 오른 허벅지 위에 얹어 앉는 자세이다.
[5] 민머리.
[6] 승려가 입는 옷.
[7] 불상이나 승려의 옷 모양새 가운데 양 어깨를 모두 덮은 경우를 이른다.

인적이 드물고 눈에 잘 띄지 않는 이 깊은 산속에, 그 옛날 이처럼 거대한 불상을 누가 왜 어떻게 조성하고, 무엇을 빌며 소망했을까? 더구나 바위가 채색되어 있음에 정말 놀랍고 참으로 기이함이 상상 그 이상이다.

또 부질없고 어리석은 의문의 욕심에 빠졌구나. 올라올 때의 모든 무거운 짐을 다 내려놓고 욕심이 아닌 감사와 축복의 기도를 한다.

풀리지 않는 불가사의한 의문의 수수께끼 모두를 다 내 스스로 풀어 놓으니 홀가분하다. 내려오면서 다시 산소와의 작별 인사를 한다. 아마도 그 옛날 저 마애불과의 인연으로 불국토佛國土를 염원하던 불심 깊은 사람의 산소가 아닐런지?.

마애불의 덕일까? 하산길은 몸과 마음이 가볍고, 콧노래가 절로 나온다.

일체유심조一切唯心造[8]라 했나, 하늘에 구름도, 먼 산의 산등성이도, 가까이의 바위와 소나무도, 내가 보고 있는 모든 것이 다 부처형상이구나.

나는 오늘 무명의 산소와 거대 마애불과의 새로운 인연, 좋은 인연, 아름다운 인연을 맺었다.

지금까지의 미움과 욕심과 원망의 모두를 다 마음 밖에 두고, 새로운 청정함으로 오늘의 당일출가를 회향廻向[9]한다.

---

8) 인간 세상의 모든 것이 마음이 지어내는 것을 의미.
9) 불교용어로 자기가 닦은 선근 공덕을 다른 중생이나 자기 자신에게 돌린다는 의미.

# 억척같은 인생을 악착같은 삶으로…

젊은 시절부터 산사山寺에 찾아다니기를 좋아하다 보니 전국의 많은 사찰을 다녔다. 불교와의 깊은 인연도 아니면서 나는 번민과 공상의 분별심을 찾는다며 부처팔이 흉내로 이 절 저 절에다 나의 찌든 때만 묻히는 미운 불자가 되었다.

전국의 많은 절의 대부분은 경치가 좋고 풍수적으로도 명당에 위치하고 있다.

나는 경치 따라 절도 구경하고 건강도 챙기며 자연과 함께하는 시간에 매료되어 지금까지도 즐긴다.

오래전 인연으로 나만의 애착과 이끌림에 가끔씩 1일 3사三寺 탐방으로 찾아가는 세 곳의 사찰이 있다. 가장 많이 알려진 청도 운문사와 영천시 대창면에 있는 영지사 그리고 경산시 하양읍에 있는 환성사이다.

세 개의 사찰 모두는 신라시대에 창건되었다. 운문사가 가장 먼저 창건되었으며, 이어 영지사와 환성사가 창건된 아주 오래된 천년고찰들이다. 긴 세월 속의 사찰은 임진왜란과 화재 등으로 인해 소실되는 절마다의 아픈 상처를 안은 채, 중창重創을 거듭해 오면서 오늘에 이르고 있다.

이곳의 사찰에는 보물도 아니고 일반인들의 무관심 속에 널리 알려지지도 않았지만, 아는 사람은 알고 있는 스토리와 흥미가 있으며 교훈적인 아주 특별한 것이 있다. 그것은 바로 전국적으로 다른 사찰에서는 볼 수가 없는 보물 같은 악착보살을 모시고 있다. 불교적 구전口傳으로 불교문화의 한 단면이지만, 오늘날의 인간 세상살이의 참모습을 보여 주는 법당의 천장에 매달려 있는 악착보살이다.

운문사에는 대웅보전(옛 비로전)에 영지사와 환성사에는 대웅전의 법당 내 왼편 높은 천장에 반야용선의 밧줄에 두 다리를 질끈 오므린 채 간절히 애원하듯 애처롭게 숨어 매달린 악착보살이다.

법당 천장의 단청丹靑이 보호색이 되어서인지 숨은 그림 찾기라도 하듯 쉽게 찾을 수가 없다.

악착보살은 법당으로 들어오는 신도들의 마음을 관심법으로 살피려는 듯 아슬아슬하게 매달린 채 내려다본다. 어린아이의 눈으로라면 익살스럽고 재미있는 장난감으로 볼 것이다.

얇은 바람에도 떨어질 듯, 보면 볼수록 매달린 모습이 위태롭고 안쓰럽다. 그래도 법당 안이라 바람기가 없음이 다행이라는 생각마저 든다.

세대世代와 종교를 떠나 우리의 문화로 이해하면서 사람들이 살아가는 세상살이에 교훈과 귀감을 주는 보살이다. 보는 이의 생각에 따라 다르게 각자의 다양한 스토리가 있는 악착보살이다.

'악착보살은 불심이 많고 착하게 살던 한 보살이 반야용선을 타고 극락으로 가기로 되어 있었다. 마을 나루터에 반야용선이 도착하였는데, 보살은 세속에서의 인연인 가족들과의 이별 인사가 늦어지는 바람에 늦게 나루터에 와보니 이미 반야용선이 떠나가고 있었다. 이에 반야용선을 태워달라고 간절히 애원하는 보살의 모습을 본 부처님(지장보살)은 감동과 측은지심을 느껴 보살에게 밧줄을 던져주었다. 이에 보살은 두 손으로 밧줄을 꼭 붙잡고 극락으로 가기 위해 떨어지지 않으려고 필사적으로 이를 악물고 밧줄에 매달려 잘 견딘 덕에 극락정토에 도달했다'하여 악착보살이다.

이에 악착보살은 불교적 교훈으로 기를 쓰고 용맹정진 참된 수행을 하여 불성을 이루는 수행자의 모습으로 그리고 세속적인 교훈으로는 사람들이 살아가면서 어떠한 곤경과 어려움에도 이를 악물고 포기하지 않고 끝까지 일을 성취하는 모습으로 많이 비유된다. 보는 것도 흥미로운데 악착보살에 대한 동화적 사연은 더 재미가 있다.

운문사에는 6개의 보물과 특히 보물 중에 보물인 사찰 입구에 천연기념물인 아래로 처진 거대한 소나무(삿갓송)는 아주 일품이다. 불교에서의 낮은 자세와 하심下心에 대한 가르침을 운문사에 들어서자 소나무가 제일 먼저 일러준다.

운문사 입구의 오래된 소나무 숲길은 예스런 경치와 솔바람에 한 걸음 걸음마다에 곧은 절개의 선비가 된 기분이다. 더구나 운문사는 우리나라의 최고의 비구니 전문 강원으로서 승려교육과 경전 연구의 사찰로 더 많이 알려진 고찰이다. 법당에서 염불 하는 앳된 비구니 학승들의 목소리가 청량하다.

영천의 영지사는 사찰 입구의 짙은 숲길과 어머니 품속 같은 구룡산이 품고 있어 절경이 소박하다. 영지사로 가는 길 우측으로 도화지 저수지와 도잠서원 역시도 예스러움에 정겹다. 영지사 입구 우측 계곡의 커다란 너른 바위에는 공룡발자국이 12개가 있다. 다만 불심이 적은 탓인지 육안으로는 식별이 어렵다. 이 깊은 내륙의 산속에 공룡이라니 선뜻 이해가 되지는 않는다.

영지사 대웅전 법당에서는 젊은 부부가 초등학생인 듯 한 남매에게 악착보살과 영지사에 대하여 몸동작을 곁들여가며 자세히 설명해 준다. 처음에는 아이들이 높은 천장에 매달린 악착보살을 얼른 찾지를 못한 듯 이리저리 두리번거리더니 나중에서야 손으로 가리키며 웃는다. 이곳 주변 가까이에 사는 가족인 듯 문화해설사 못지않게 자세하고 재미있게 설명해 준다. 나는 그들의 뒤에서 귀동냥으로 잘 들었다.

경산의 환성사는 환성산과 무학산 사이에 탁 트인 전망에 사방을 둘러보니 마음도 시원하다. 환성사는 절 앞에 있는 부도탑 주변의 겹벚꽃으로 유명하다. 이곳 역시 대웅전 천장의 서쪽에 반야용선에 악착보살이 매달려 있다. 다른 절에 비해 넓고 한적함에 마음도 여유롭고 편하다.

세 곳 사찰의 법당에 숨어 있는 악착보살의 심경心境은 보는 이의 마음에 따라 세 곳 모두 다양하다. 어떤 사람은 인간의 집요한 욕망을 상징으로 또 다른 사람은 외롭고 쓸쓸한 고독의 상징으로 생각할 수 있으며, 또는 익살맞고 장난스러우며 오히려 절에서도 심술궂고 말 안 듣는 동자(보살)로 즐겁게 생각할 수 있다. 그래서 인간사 모두가 일체유심조一切唯心造라고 하는가 보다.

악착보살은 현대를 살아가는 우리들에게 불필요한 망상과 부질없는 욕심의 집착에서 벗어나 끝까지 최선을 다하며 책임감 있는 강한 인내심을 갖고 열심히 살아가는 삶을 일러 주는 것이 아닌가 싶다.

악착보살이 있는 세 군데 사찰은 불교불자들은 템플스테이나 테마가 있는 순례지로 학생들에게는 역사와 교훈 교육의 장場으로 활용하면 좋을 듯싶다. 종교를 초월한 소풍지나 심신의 힐링 장소로도 아주 좋은 곳이다.

다시 보아도 법당의 높은 천장 반야용선에 매달린 악착보살은 천장높이가 높아 보는 이로 하여금 위태로움이 또 다른 간절함이 되어 누구나 염원을 담아 바라만 보아도 한 가지 소원은 꼭 들어줄 것만 같은 신비의 악착보살이다.

　어찌보면 속세 중생들의 힘들고 어려운 삶을 악착보살이 부처님께 대신 전하려는 깊은 뜻으로 악착같이 밧줄을 붙잡고 지금도 망망대해를 가고 있는 것이다.

　나도 손자들이 조금 더 크면 온 가족의 가족여행으로 다시 찾아와 분수에 맞는 악착같은 삶을 살아가도록 악착보살의 깊은 뜻을 재미있게 설명해 주어야겠다.

# 남도南道의 가을 향香

11월 초 늦가을의 짙고 깊은 단풍바람이 나를 평안하게 감싸 안아준다.

시기적으로 여행하고 사색하기에 참 좋은 계절이다. 늦가을은 스스로를 돌아보는 아쉬움의 반성과 새로운 계획의 욕망이 겹치기도 하는 계절이다.

나도 이제 세월 나이로 인해 고민이 늘어가지만, 계절에 휘말리고 싶지는 않다. 여전히 생각 나이는 젊고, 활동나이는 아직도 한여름이다.

해남 땅 끝 두륜산 줄기 위봉산속의 작은 암자 성도사를 찾았다. 기암괴석의 아름다운 바위산이 절경속 비경秘境이다. 남해바다와 하늘이 맞닿은 성도사는 백제시대에 창건한 천년고찰이다. 대웅전은 거대한 바위와 오래된 동백나무숲 사이 앞산에 걸린 커다란 여의

주 바위가 숨겨놓은 천혜의 요새중에 요새 명당요새이다.

그래서 성도사는 구한말 의병활동과 농민운동의 중심지이기도 한 의로운 역사적 가치를 간직한 하늘과 땅과 역사가 감춰놓은 사찰이다.

바위산과 동백나무숲의 정경情景은 평소 내가 보기 힘든 경치가 아니던가. 위봉산 정상부근의 커다란 바위 아래 터 잡은 사찰 성도사는 그냥 그대로가 바로 처마 끝 제비집이다. 그 바위틈새 제비집의 앞뜰이 다도해이니, 상상이상으로 운치있고 아름답다.

다도해의 떠다니는 섬들과 위봉산 바위산이 늦가을 단풍과 마주하니 보기에도 넘치는 절경이다.

남해 바닷바람과 두륜산 산바람이 번갈아 나를 감싸준다. 두 바람 모두가 계절과는 상관없이 내게는 낯설지가 않고 포근하며 시원하다.

산새들을 위한 보시인 듯 암자의 기와 담장 끝에 놓인 빨간 홍시감 몇 개가 마치 활짝 핀 동백꽃 같다. 기와와 찰흙을 겹겹이 쌓아 만든 담장은 절이라기보다는 전통고가古家의 옛 멋으로 정겹다.

혼자서 보이는 모든 것에 무관심하면서도 세심한 듯, 나만의 자의적인 해석과 감상을 해본다.

오늘은 무념無念으로 남도南道 절경의 가을 향에 취하고 빠져본다.

다행이다. 내가 내 멋대로 생각하니, 생각보다 편하고 재미있다.

돌계단 아래에서 할머니와 엄마 그리고 어린 여자아이가 힘겹게 올라온다. 노란 단풍모자에 파란 신발을 신은 어린 여자아이가 먼저 나를 유심히 쳐다본다. 엄마와 할머니는 대웅전에서 기도를 하는데, 법당 앞마당에서 손가락으로 그림을 그리며 혼자 논다. 절집 흰 강아지가 그 아이 주변을 맴돈다. 처음이 아닌 듯 친해 보인다. 공양주 보살이 과자를 준다. 아이는 이 절에 자주 온 듯 익숙한 표정이다.

공양주 보살이 눈빛으로 나를 가르키자, 아이는 내게 다가와서 과자 하나를 건넨다. 고맙다고 웃으며 '엄마 할머니 따라 법당에 들어가지'라고 하니 그 아이는 '법당에 큰 인형이 무섭다'며 뒷걸음이다. 내 손에 종이와 볼펜을 보더니, 그림을 그리느냐고 묻는다. 미소와 눈빛으로 대답을 한다.

얼핏 할머니가 내 연배인 듯한데, 나를 아저씨라고 부르는 것이 마냥 고마웠다. 절에서 어린아이만도 못한 괜한 부질없는 욕심이다. 나는 곁눈질을 하면서 얼른 모자를 고쳐 쓰고는 열심히 그림을 그리는 시늉을 했다. 나는 저 아이에게 오늘이 좋은 추억이 되도록 해주고 싶다.

오늘은 참 좋은 날이다.

아름다운 비경과 나만의 사색思索에 귀여운 어린 동자를 만난 인연에 취하다 보니 반나절이 반 시간 같았다.

문득 오대산 상원사에서 세조의 등창병을 문수동자가 계곡물로 씻어 낫게 해주고는 누구에게도 말하지 말라며 홀연히 사라졌다는

전설이 생각난다

먼저 자리를 뜨면서 그 어린아이에게 다가가 절인사로 합장 반배로 이별인사를 하니 옆에 있던 강아지가 먼저 배웅을 한다. 아이가 손을 흔들어 준다. 고맙구나, 오늘은 네가 나의 문수동자이구나.

오늘은 남도의 절경을 생각보다 듬뿍 담고 또다시 성도사에 좋은 계절인연을 남겨놓고 돌아선다.

쉬엄쉬엄 산을 오를 때보다는 더 여유를 갖고, 느리고 느린 걸음으로 산에서 보물을 찾듯이 걸음걸음마다 생각하는 걸음으로 하산한다.

너무도 조용해서일까, 내가 밟는 마른 낙엽소리에 내가 놀라고 낙엽도 놀란다.

서산으로 지는 해에 떠밀린 남해바다 섬들이, 저녁맞이를 위해 돌아보고 또 돌아보면서 점점 더 멀리 떠내려간다. 내가 어디쯤에 있는 건지, 운무雲霧속 남도南島는 가물가물 환상의 선경仙境이다.

## 제천사랑의 인연

    제천 하면 가장 먼저 연상되는 것이 박달재, 그 다음으로는 의림지와 청풍호라고 한다.
    역사적인 가치와 상징성 그리고 현대적인 관광과 휴양의 유명세 기준에 따른 인기 순위인 듯하다.
    제천은 지리적으로 충북의 동북부에 위치한 산과 호수가 어우러진 호반의 도시로서, 예로부터 우리나라 철도와 도로의 사통팔달 교통요충지였다.
    과거 석탄과 시멘트 등 광산물 수송의 동맥역할을 한 중심도시였다.
    그리고 제천은 지명에서도 알 수 있듯이 백운, 송학, 수산, 청풍, 한수, 금성 등 그야말로 천혜의 자연환경인 산수가 수려한 청풍명월淸風明月의 고장이다. 기암괴석 월악산의 장엄한 산세는 곧 제천의 기세氣勢이다.

　제천과는 2008년 딸이 교대를 졸업하면서, 3월에 제천으로 초임 발령된 것이 인연의 시작이다.

　그 인연으로 우리 집 식구들 모두는 제천에서의 좋은 추억들을 회상하며, 지금까지도 제천을 사랑하고 있다.

　제천시 고암동에 아파트 월세를 얻어 자취를 하면서, 1주에 이틀은 아내가, 하루 정도는 내가 제천에서 출·퇴근을 했었다. 거리가 멀다고는 하지만, 새로움과 오고가는 주변 자연환경의 아름다움에 마음으로는 항상 제천이 멀거나 지루하지가 않았다.

　태어나 처음으로 어린나이에 외지에서의 생활인지라, 딸아이도 힘들고 어려워했고, 아내도 못미더워 하는 터라 부득이한 선택이었다. 물론 월요일은 딸아이가 청주에서 제천으로 출근한다.

　새벽 어둠속 오근장역 대합실에서 웃음으로 작별인사를 한 후, 플랫폼의 가로등 불빛아래서 다시 손 인사를 하던 그 모습이 지금도 생각하면 운치있고 멋스러운 쏠쏠한 추억이다. 매주의 시작을 새벽 열차 이별로 했다.

　그때 딸이 23살이었는데, 어느덧 세월 인연으로 지금은 30대 중반의 쌍둥이 엄마가 되었다.

　딸아이는 2008년 초임시 5학년을 담임하였는데, 벌써 올해 그 아이들이 대학을 졸업하는 해란다.

　초임발령의 풋내기 첫 담임인지라, 지금도 그 제천 아이들 아니,

이제는 어엿한 성인이 된 그 제자들이 많이 그립고 보고 싶단다. 아무래도 의미있는 첫 발령에 첫 담임인지라, 그 애들에 대한 애틋함과 그리움의 추억이 꽤나 깊은가 보다.

그래서 지난 과거는 모두가 아름다운 추억으로 빛나고 소중하며, 누구나 그 추억이 그립고 아쉬워서 항상 돌아가고 싶은가 보다.

딸도 이제는 주부 경력, 엄마 경력, 직장 경력이 중고참이라며 으쓱댄다. 그래 어느덧 그렇게 되었구나. 인정한다. 그리고 대견하다.

그렇게 제천에서 3년 동안의 타향살이 딸 덕분에, 우리의 친구가 된 제천을 알음알음 알아가고 느끼면서 정을 많이 쌓았다.

그리고 그 인연의 정으로 인해 지금까지도 변함없이 제천을 사랑하고 있다.

딸아이 방을 구하기 위해 제천 시내를 돌아다닐 때 〈내토[1]기 차지 배구대회〉라는 현수막을 보고 딸아이가 내토기가 뭐냐고 묻는데, 나 역시도 몰라서 머쓱했던 기억이 새롭다.

제천은 오래된 역사적인 문화와 다양한 전설, 그리고 많은 유적들과 수려한 자연경관을 품은 아름다운 도시이다.

조선시대 3대 약령시장의 명성을 이어받아 개최하는 '제천 한방바이오박람회'는 전국적인 명성에 걸맞게 제천의 발전과 홍보의 효자로서 견인차역할을 톡톡히 해내고 있다.

---

[1] 내토奈吐 : 고구려, 신라시대 때의 제천 지명

금성면 청풍호의 굽이굽이 20여리 봄 벚꽃 길은 청풍호와 금수산의 절경과 함께 서로가 아름다운 절경을 뽐내며 시샘하면서도 함께 잘 어우러진 제천의 비경중의 상비경上秘境이다.

　백운면 덕동계곡 가을 단풍의 아름다움은 지금도 가슴속에서 빛바래지 않았다. 늦은 오후 계곡속 단풍은 잎 하나하나에 햇빛이 반사되어 계곡물위를 따라 굽이도는 단풍 물결은 눈부신 단풍절경이다.

　제천의 국제음악영화제 역시 단순 지역의 행사성 축제가 아닌 세계속의 국제음악영화제로서 완전한 자리매김을 함으로써 문화예술로 생동하는 젊은 제천, 현재와 미래가 공존하는 세계 속의 제천으로 발돋음하고 있다.

　이제는 서울 청량리와의 전철 복선화로 1시간 거리의 수도권이다.

　또한 도로망 확충으로 강호축(강원·충청·호남을 연결하는 새로운 국가 발전 벨트 계획)의 중심도시가 되는 제천은 성장 잠재력이 많은 미래의 관광레저 도시로서의 전국적인 명성으로 발전이 기대된다.

　자연의 아름다움이 낳은 제천은 오늘날 하루가 다르게 변화 발전하기에 나의 제천사랑도 갈수록 더 성숙하고 무르익는다.

　한편 지난 2017년 12월 제천시 모두의 고통이고 아픔이었던 큰 화재 참사 때도 남다른 인연의 관심으로 안타까웠고, 가슴 아팠다.

TV에서 제천의 상징인 '울고 넘는 박달재' 노래가 나오면 우리 가족은 그때 그 시절의 제천을 회상하며 노래에 추억의 장단을 맞춘다.

　딸아이 때문에 맺은 제천과의 인연, 갈수록 제천이 정겹고 푸근하며, 세월과 함께 제천을 더 진하게 사랑하고 있다.

　요즘도 가끔 제천을 가게 되면, 그 옛날 살던 집과 딸이 근무했던 초등학교 그리고 자주 갔던 식당 등을 둘러본다. 여전히 변하지 않음을 다행으로 생각하면서 반갑고 고마움에 추억의 미소로 인사를 나눈다.

　이제는 지금까지의 제천보다도 감춰진 제천의 속살을 찾아 제천을 더 사랑하고, 더 자랑하며, 더 자주 찾아오도록 하겠다. 내가 딸아이를 사랑하듯이 말이다.

## 진해는 제2의 내 고향

 10월인데 굵은 비가 온다. 올해는 가을장마가 유난히도 길다. 장맛비 따라 오랜만에 멀리 진해(창원) 장복산 마진터널 옛 그 자리에 왔다. 터널바람은 예전 같은데 변해도 너무 많이 변했다. 45년의 세월은 역시 멀고도 길다. 이 자리에 서니 지금도 그때의 그 순간순간들이 선하고 생생하다. 쉽게 잊거나 군대의 추억으로만 묻기에는 너무나도 무겁고 숙연함에 먼저 눈을 감았다. 지금에 이 자리는 그 여름날 밤 내가 내 인생 있어서 죽음을 가장 가까이에서 마주했던 곳이다.
 그날은 바로 1979년 8월 25일 저녁 8시가 다 되었을 무렵이다. 그때 나는 진해경찰서 소속의 전투경찰로 진해시 장복산 위 마진터널의 여좌검문소에서 해병 헌병들과 함께 합동근무를 했다. 당시에는 이 터널이 군사도시인 진해로 통하는 유일한 육로이기에 군인은 물론 민간인들의 통제와 검문이 심했던 군경합동검문소였다.

그날은 예년에 비해 다소 늦은 태풍 쥬디로 인해 낮부터 하루 종일 남해안에 많은 비가 왔다. 나는 헌병 2명과 함께 오후 검문소 근무를 마치고, 저녁식사 후 경찰 숙소인 터널 바로 옆 우측 산기슭에 은폐된 지하벙커에서 휴식 중이었다. 조금 열어 놓은 벙커의 두꺼운 콘크리트 문 앞의 백열전등 불빛사이로 폭우가 마치 폭포수 같이 쏟아지고 있었다.

늦은 태풍치고는 좀 요란하다는 생각을 하는 순간 갑자기 지진이나 대형 옹벽이 무너지는 듯한 굉음과 함께 암흑천지가 되었다. 전기와 모든 통신이 두절 되었다.

당시의 순간적인 두려움과 공포는 지금 생각해도 몸이 굳는다. 나는 벙커가 지하인지라 산사태로 벙커가 흙에 묻힌 상황임을 직감했다. 칠흑보다도 더한 땅속의 어둠과 밀려드는 토사물로 생사生死의 경계선에서 나는 제 정신이 아니었다. 그 어떠한 상황도 판단할 수가 없었다. 손으로 더듬대는 순간 문 쪽에서 진흙과 돌멩이가 벙커 안으로 계속 쏟아졌다. 말 그대로 생사의 찰나에서 명재경각命在頃刻의 순간이다. 나는 벙커가 흙과 물이 차기 전에 가슴까지 찬 진흙과 어둠을 뚫고 벙커문 틈새로 구사일생 빠져 나왔다. 나와 보니 밖은 상상 그 이상이었다. 폭우 속에 터널 우측이 산사태로 밀려오는 흙과 돌멩이가 허리까지 내리치니 몸을 가누기가 어렵다.

어둠과 폭우로 사방을 분간할 수가 없는 공포 그 자체뿐이었다.

정신을 차려 터널의 안전을 확인한 후 사방을 둘러보니 2층 높이의 돌로 만든 철옹성 같은 검문소 초소와 헌병들 모두가 온데간데없고, 도로는 흙과 돌과 나무로 완전히 덮여 흔적이 없다.

나는 우선 터널 안에 갇힌 몇몇 사람들을 구조하여 인간 띠를 만들어 죽음에서 필사적으로 벗어나고자 했다. 계곡의 엄청난 급물살에 휩쓸려 떠내려가는 사람을 직접 목격하면서 점점 더 죽음의 공포와 정신적 탈진은 어느 순간에 오히려 나를 초인으로 만들었다. 세 시간여 생사의 사투死鬪였다.

그날의 폭우와 산사태로 함께 근무했던 해병대 헌병 8명 모두가 순직했다. 당시 언론에는 산사태와 민간인 사망자만 보도 되었다가 후에 헌병들의 순직이 알려졌고 순직비(위령탑)도 건립하였다. 아는 사람만이 아는 비운의 애환을 간직한 마진터널 검문소는 이제 역사 속으로 사라지고, 장복산 전체가 산책길과 체육시설로 잘 단장된 시민공원으로 거듭났다. 새로운 터널이 두 개나 뚫렸다.

눈을 감으면 45여 년 전 그때의 영화 같았던 생생한 그날 밤 그 순간들이 지금도 선명하며 여전히 공포스럽다. 그렇다. 도로의 이쪽과 저쪽이 갈라놓은 운명이었다.

특히 입대한지 얼마 안된 해병의 막내인 이남호 헌병의 장난기 많고 어리광 섞인 그 멋진 모습이 많이 그립다. 언제나 친 동생같이 '충청도 행님아' 하면서 느린 말투의 충청도 사투리 흉내로 나를 놀리며 잘 따랐다.

그를 자주 면회 오던 삼천포에 산다는 그의 여자 친구는 내게 자기 바로 위 언니를 소개시켜 준다고 약속하며 잠시의 말장난일지라도 우리들끼리는 가족의 인연도 맺었다. 살았더라면 지금은 다들 70을 바라보는 청년 노인들이다.

나는 제대하면서 서울 동작동 국립묘지를 찾아가 그들에게도 전역신고를 했다. 그 후 45여 년의 세월 속에 나는 진해를 가게 되면 벚꽃구경보다는 지금은 없어져 흔적만 남은 마진터널 앞 옛 검문소를 먼저 찾는다.

이제는 그날을 기억하거나 별로 찾는 이 없는 잡풀 속 이끼 낀 순직비만이 10월의 낙엽에 덮혀 더 많이 외로워 보인다. 마진터널 바람은 옛 친구를 맞아 위로하듯 나를 안아주고는 진해 앞바다로 바닷바람을 만나러 간다.

우산 속 젊은 남녀가 두 손을 꼭 잡고 순직비 앞을 거닌다, 이곳의 한恨을 아는지 모르는지 무심해 보이지만, 멋지고 행복해 보인다. 고故 이남호 헌병이 살아 돌아와 그 애인과 함께 걷는 듯하다. 묵념을 하고 나니 그때 그 동료 전우들을 만난 듯 멋진 모습이 그려진다. 그 여름날 밤 폭우 속 죽음의 문턱에서 다시 태어난 나는 진해가 제2의 내 고향으로 지금까지 가끔씩 내가 위로 받고 싶을 때면 찾아간다.

## 무심천 벚꽃

 어느덧 봄인가 했더니, 벌써 무심천 벚꽃이 떨어진다. 지난해에도 그랬는데, 올해도 벚꽃에게 참으로 미안하다.
 청주의 벚꽃 명소인 무심동로에는 지난 주말 예년에 비해 이틀 먼저 벚꽃이 만개하였다.
 하필이면 벚꽃이 만발한 휴일에는 봄비가 오고 코로나로 인해 사람들이 경계하니 벚꽃은 자기 모습이 가장 아름답고 자랑스러운 자기 계절이기에 더 서럽고 억울하리라.
 비온 뒤 월요일은 또 황사라니 벚꽃이 더없이 안쓰럽고 잔인한 봄이구나.
 꽃의 계절 봄이련만, 연약한 벚꽃은 꽃이 피자마자 봄비와 황사를 피하지 못해 그저 꽃잎이 무겁고 슬퍼 보이니 야속해 할 만도 하다.
 전국에서 꽃 축제가 가장 많은 꽃이 벚꽃이라는데, 올해의 벚꽃은 사회적 거리두기로 외롭고 쓸쓸하다. 무심천 제방 아래 개나리와 손잡으려 길게 늘어트린 벚꽃 나뭇가지들이 피곤해 보이지만, 멀리서 보니 벚꽃 터널이고 개나리꽃과 어우러져 아름답다.

그래도 다행이다. 사람 대신 자동차가 무심동로를 꽉 메웠다.

모두들 차 안에서의 꽃구경에 사진을 찍느라 도로는 극심한 정체다.

거리두기로 손도 못 잡은 연인들 뒤로 젊은 부부가 천천히 유모차를 밀며 온다. 아이 아빠는 앞에서 동영상을 찍느라 뒷걸음하는 모습에서 아이사랑이 넘쳐난다.

엄마 아빠는 벚꽃나무 아래서도 꽃보다 아이가 더 예쁘다. 나도 15개월 된 쌍둥이 손자가 있기에 자꾸만 유모차 속 아이에게 시선이 간다. 봄과 벚꽃에 어울리는 행복하고 사랑스런 가족이다.

아이는 마스크를 했고 유모차는 겉포장이 잘 되었으며 앞이 투명하다. 마치 자동차처럼 나름 무장을 잘 한 셈이다. 유모차속 아이는 노란 마스크를 했다. 봄에 어울리는 마스크이다. 아이는 마스크가 불편할 텐데도 가만히 있다. 신기하고 귀여우며 예쁜 모습에 아이에게 다가가 보고 싶지만, 또 사회적 거리두기가 가로 막는다.

아마 어린아이도 누구나 다들 마스크를 쓰고 있으니 그러려니 하는가 보다. 그래도 이 아이가 오늘 무심천 벚꽃에게는 가장 큰 봄꽃 손님인 듯하다.

유모차 뒤편에서는 나와 비슷한 연배인 듯 한, 흰머리의 청년노인이 혼자서 셀카를 찍는다. 나도 모르게 웃음이 난다. 봄꽃 욕심은 나이와는 무관한가 보다. 그래도 여전히 보기 좋은 봄꽃 청춘이고, 꽃은 누구에게나 아름답고 예쁘다.

오늘 벚꽃나무 아래 보이는 모든 것이 다 벚꽃이며, 봄꽃 가족들이다.

갑자기 지난 2월에 넘어져 다치신 후 아직까지도 병상에서 봄을 직접 만나지 못하신 어머님이 생각난다.

이번 주말에는 비록 꽃이 지더라도 어머님을 휠체어로 모시고 나와 벚꽃 비를 맞게 해드려야겠다.

포근한 봄 날씨에 만개한 무심천 벚꽃을 보니 마음이 더 포근하다.

내년에는 좀 더 가까이에서 벚꽃을 만나고 대화할 수 있기를 기대해 본다.

## 가을맞이 산행

계절은 때가 되면 어김없이 찾아온다. 입추에 말복도 지나 내일모레가 여름을 처분해서 가을을 맞이한다는 처서이고 보니, 불볕더위도 반 이상은 꺾인 듯하다. 흔히 계절변화에 가장 민감한 곳이 산과 사람들의 옷차림이라고 한다. 어렵고도 힘든 시기 마스크를 벗고 하루 종일 산속에서 심호흡을 하며 크게 기지개를 켜고 싶다. 시기적으로 가을이 어디쯤에 와있는지도 찾아보려 아침 일찍 황장산黃腸山 산행에 나섰다.

황장산은 경북 문경의 백두대간에 위치한 1,077미터의 바위산이다. 등산로 입구의 산골짜기 끝자락에 위치한 산간오지 계곡마을인 생달리生達里 마을에 도착을 해서 사방을 둘러보니 보이는 모두가 겹겹이 산山이다. 산속마을인 이곳 생달리生達里는 백두대간의 정기精氣를 받아 누구나 삶이 왕성하고 막힘없이 잘 통하는 산골마을이라는 데서 붙여진 이름이란다. 한편으로는 이곳 마을이 오로지 하루 종일 산과 해와 달만 바라볼 수 있는 첩첩산중 두메산골인지라 옛 부터 산다리(산달이) 마을이라고도 불렀단다.

지리적으로 지형적인 기후 특성상 낮과 밤의 기온차가 심해 당도가 높고 짙은 붉은색의 오미자와 사과가 지역 특산물로 유명하다.

동네길 주변에 해바라기와 키가 나만 한 코스모스는 오랜만에 만나는 어린 시절의 시골 동네친구처럼 반갑고 정겨운지 바람이 부는 대로 온몸을 크게 흔들며 반긴다. 흐린 날씨에 집안 마당에는 할머니가 고추와 나물을 말리고 있다. 동네 뒤편의 커다란 호두나무는 아직도 한여름인 양 푸르지만, 얼핏 보아도 산골마을 주변 가까이에는 이미 가을이 와 있다.

황장산은 울창한 원시림 숲과 골짜기가 깊은 바위 계곡으로 산 높이에 비해 등산이 만만치 않은 거칠고 매서운 산이다. 금방 소나기라도 내릴 듯 짙은 구름아래 숲속이니, 한낮인데도 초저녁 풍경이다.

주변의 산과 나무와 계곡 그리고 기암괴석의 경치에 빠져 내가 먼저 그들에게 인사를 하고 이것저것 다 참견하고 대화를 하면서 가다 보니 나만의 거북이 산행이다. 힘들어서가 아니라 힘든 줄을 모르기에 가다 서다를 반복하니 그럴 수밖에, 모두가 오늘 산행에 나에게는 참 좋은 친구들이다.

산을 오를수록 깊어지는 계곡의 시원하고 상쾌한 바람에 여전히 푸른 숲 내음과 집채만 한 바위부터 작은 돌멩이까지 제멋대로인데도 참 조화롭고 자연스럽다. 구름사이 햇살이 구름보다도 더 짙은 푸른 숲을 헤치고 계곡의 바위틈으로 강열한 조명처럼 파고든다. 물 없는 응달계곡의 바위에서 이슬 먹고 자란 파란 이끼가 햇살을 받으니 청초하고 시원해 보인다. 예쁜 파란 바위 꽃이다.

커다란 나뭇가지들은 서로가 어깨동무하며 의지하고 있다. 매미 소리는 가는 여름의 끝자락을 조금이라도 더 잡아보려고 애절하게 울어댄다.

달려드는 산모기는 끈질기게 매섭고 산바람에 고목나무 우는 소리는 숲속의 메아리다. 이곳저곳 꽃처럼 피어 군락지를 이룬 독버섯인 순백의 흰알광대버섯은 꽃으로 보니 꽃보다 더 아름답다. 모두가 가을맞이를 준비하고 있다.

나는 아직 산을 반도 오르지 못했고, 계단마다의 발걸음이 무거운지라 내려오는 사람들이 마냥 부럽다. 오르면 오를수록 힘이 들고 올라서는 한발 한발의 무게가 금값이지만, 멀리로 보이는 경치는 힘든 것만큼이나 점점 더 아름답다. 대미산과 주흘산이 가까워졌다 멀어졌다 하며 다음 산행지로 나를 유혹한다.

편마암이 빚어낸 암봉岩峰의 비경에 세찬 풍파를 견디며 바위 틈새로 뿌리 내린 소나무들을 보니 기이함과 그 자태에 감탄이 절로 난다. 줄기인 듯 뿌리 같고 뿌리인 듯 줄기 같은 고목의 뿌리들이 바위와 엉켜 서로가 한식구로 의지하며 살아간다.

예로부터 이곳 황장산은 나무속살이 정결한 황금빛을 띠는 토종 금강송인 황장목黃腸木이 자라는 산이란다. 조선시대에는 이 황장목黃腸木 소나무를 지키고 보호하기 위해 일반인의 출입을 엄하게 금지하는 금표禁標를 세워 국가가 직접 산을 관리했던 봉산封山이다.

산 경치를 친구삼아 놀면서 쉬엄쉬엄 오르다 보니 정상이다. 주변에는 옅은 구름안개가 향처럼 피어오르며 사라진다. 산 정상에서 맞는 바람은 선선한 가을바람이다. 성질 급한 나뭇잎들은 벌써 빛이 바랬다. 몸과 마음이 상쾌하고 시원하다. 나는 오늘 이곳 황장산의 어딘가에 이미 와 있을지도 모를 가을을 찾지는 못했다. 오늘 산행에서 마스크의 답답함에서 벗어나 내 발끝에 와 닿은 저 멀리 월악산, 주흘산, 도락산 등 명산의 풍경을 굽어보는 호사豪奢를 누렸다. 하산하는 내 뒤로 가을을 맞으러 온 내 마음을 알아차린 듯 가을햇살과 가을바람이 따라온다.

# 글맛 기행

얼마 전 한적한 시골마을 입구에 자리한 전국적으로 이름난 허름한 짜장면 집에 갔다. 소문따라 막상 가보니 우선 장소와 인파 그리고 가격과 맛에 놀랐다. 모든 게 전혀 조화롭지 않을 듯 한데도 기다리는 손님들이 많은 걸 보니, 겉보기와 내 생각과는 다르게 소문이 믿어진다.

얼핏 보기에는 옛날 자장면과 비슷해 보이지만, 가성비價性比와 입안에서의 맛은 좀 색다름이 있다.

사람들은 이런 특이한 자장면을 맛보고자 먼 이곳까지 찾아오는 것이다. 물론 호기심과 맛에 대한 의외의 기대감도 한 몫을 하겠지만, 자장면만의 맛을 쫓아 여기까지 찾아온다는 것은 나름의 생활재미와 넉넉한 멋의 여유이다.

요즘 방송에서도 전국의 맛집 투어나 음식관련 건강 방송프로가 참 많다.

　지역별 전통과 특산물로 만든 음식을 출연자가 맛보면서 그 맛을 표정연기로 전해주려는 재미가 보는 시청자들의 입맛을 한껏 자극한다. 더군다나 출연자의 다소 과장된 행동이나 말솜씨는 시청자들에게는 또다른 보는 양념으로 맛을 돋우기에 충분하다. 화면속이지만, 보는 내가 먹는 듯 눈으로라도 맛이 느껴진다.

　맛있는 음식을 만드는 사람이나 그 음식을 맛보는 출연진 그리고 그것을 보는 시청자들 모두가 각자의 맛에 즐겁고 행복하다.

　흔히 누구나 다른 사람들이 자신보다 무엇이든 잘한다면, 자신의 능력이나 노력과는 상관없이 그저 부럽다.

　근래에 나는 여러 문학상을 수상한 수필작품들의 글맛에 깜짝깜짝 놀란다.

　번개나 천둥같이 번뜩이는 작품속 표현들을 접할 때면, 나는 글쓰기 두통앓이를 한다.

　평범한 듯 흐르면서도 제 때에 휘어지고 꺾어지며 강렬한 듯 부드러운 문맥은 독자의 관심과 글맛을 더 돋운다. 그리고 순간순간 맛깔스럽고 감각적인 표현들은 한번 더 시선과 생각을 이끈다. 그게 감동이고 재미인데, 내 글속에는 그런 것이 없다. 그냥 나 혼자만의 글을 쓰고 있다. 그래서 나는 좋은 글을 읽을 때마다 마음속으로는 부러움과 욕심으로 내 자신을 돌아보게 된다.

　글쓰기를 너무 늦게 시작했다는 아쉬움과 함께 한편으로는 글쓰기를 너무 쉽게 생각하는 것은 아닌가도 싶다.

가끔 나는 걸어 온 길을 되돌아가듯, 내 글을 남의 글처럼 자연스레 읽어본다. 내 글임에도 편하지가 않고, 많이 낯설고 거슬림이 많다. 어딘지 모르게 밋밋하고 문장 사이 양념이 없는 듯 건조하고 텁텁한 맛이다. 내 글속에서 나만의 맛과 향기를 찾을 수가 없으며, 쥐어 짜듯한 글은 신선감도 없으니 부담스럽고 답답하다. 역시 여러모로 부족하고 어설프지만, 그냥 편하게 글을 써보겠다는 노산老産의 고통쯤으로 생각해 본다.

그러면서 과연 내가 글재주가 있기나 한 건지? 아니면 제대로 글을 쓰고는 있는 건지? 하는 생각과 함께 좋은 글쓰기 조건에서 나는 무엇이 부족한 걸까? 하는 생각과 반문을 자주 해본다.

흔히 작가는 글을 쓰면서 행복을 찾고, 그 행복을 진솔하게 글속에 담아 독자들에게 감동으로 전해 주어야 한다고 한다.

갈수록 글 잘 쓰는 사람이 부럽고 행복해 보인다. 요즘은 그들의 글이 자주 눈에 띈다. 어쩌면 이것도 글을 잘 쓰기 위한 조건 중의 하나가 아닐까도 싶다. 좋은 글에는 반드시 감동의 여운이 뒤 따른다. 나도 그런 글로 칭찬이 아닌 독자에게 위로와 조그만 감동이라도 전하고 싶다.

계절은 벌써 한여름 같은 초여름이다.

울창한 숲속 길을 걸으며 사색하기에 참 좋은 계절이다. 햇살보다는 숲 사이 틈새그늘이 더 좋은 초여름이다. 글쓰기에도 좋은 계절이 아닌가 싶다.

　다소 내가 늦었고 부족하지만, 독자를 위한 글쓰기 욕심의 성장통이라는 생각에 또 다른 용기로 내 스스로를 한껏 추슬러보고 싶다.

　더 무더운 한여름이 오기 전에 오래 남을 나의 짙은 글 향기를 위해 문학의 정기精氣라도 받으러 글맛 기행을 떠나야겠다.

3

아주 가까이에서 온 편지

6월에 만난 친구/ 고물 우정/ 코로나 여름
진천 장날/ 직지 할아버지/ 아주 가까이에서 온 편지
새벽을 여는 사람들/ 119 구급차량 탑승기
동백꽃 사랑/ 황혼의 봄바람

## 6월에 만난 친구

 오늘도 병원 접수창구가 많이 붐빈다. 대기 번호표를 받아보니, 내 앞으로 십여 명이나 있다. 이제는 크게 아프지 않아도 주기적으로 병원을 찾아야만 하는 나이가 되었다.
 에스컬레이터를 타고 올라오는 빵모자(헌팅캡)를 눌러쓴 사람이 유심히 나를 쳐다보며 다가온다. 느린 걸음걸이에 마른 체격이 얼핏 보아도 병색이 엿보인다. 처음엔 머뭇거리더니 내게 다가오며 나즈막한 목소리로 말을 건네온다. 서로가 자세히 보니 어린 시절 한동네에 살던 몇 안 되는 개구쟁이 동네 친구였다. 그동안 잊고 지내다 보니 못 본 지도 한 10여 년은 훌쩍 넘은 듯 싶다.
 반가움보다도 먼저 근황이 궁금함에 맞잡은 두 손을 놓기도 전에 물으니, 그 친구는 숨이 가쁘다. 몹쓸 중병이라며 더 이상 말을 하지는 않았으나, 친구의 억지웃음과 흐릿하고 어설픈 눈빛에서 짐작이 가는 병인 듯하다.

  초등학교 어린 시절 우리 동네 윗쪽 복숭아 과수원 언덕의 외딴 빨간 양철지붕 집에서 어렵게 살던 친구였다. 그때는 모두가 어려운 시절이라지만, 지금 기억에도 친구네 집은 무척 가난했다.

  나는 그 친구를 볼 때마다 친구의 아버지가 먼저 떠오른다.

  친구 아버지는 6.25 참전 용사로 상이군인이다. 아버지는 목발을 짚고 오른손은 의수義手인 쇠갈고리 손이며 왼쪽은 다리가 없으니, 목발로 걸을 때마다 바지가 펄렁였다. 그때의 그 모습을 우리는 무척이나 무서워했다. 그런 친구의 아버지 모습은 지금도 생생하고 또렷하다.

  그 시절에는 상이군인들이 참 많았으며, 친구 아버지는 항상 술에 취해서 행패성 구걸 등으로 인해 우리 동네에서는 두려움과 공포의 대상이었다.

  그때 우리는 한동네에 살면서도 상이군인이신 친구 아버지를 만나면, 모두가 무서움에 먼저 피하거나 숨었다. 그래서 그 친구는 아버지 때문에 가까이하는 친한 친구가 별로 없었다.

  그 시절 어린 우리들은 상이군인 하면 아주 무서운 사람, 시내 상점이나 동네 등지를 무리지어 다니면서 행패를 부리는 신체불구의 난폭한 사람으로만 알았다.

  그런 그들은 전장戰場에서 누구보다도 젊고 용감한 군인으로 국가와 국민을 위한 부상이었지만, 국민들의 외면과 멸시 속에 국가의 무관심과 부족한 배려의 시대적 아픔에 울분을 참으며 목발과 쇠갈고리 손에 의지한 채 살았던 것이다.

그러다 보니 그들은 생존을 위해 성격이 난폭해졌으며, 사람들은 그들을 무서워하며 그냥 피하고 보는 공포의 대상이 된 것이다.

그래도 친구 아버지는 내가 한동네 사는 아들의 친한 친구라며, 나를 살갑게 이뻐해 주시고 가끔씩 사탕을 주었는데, 나는 무서움에 떨면서 공손히 받고는 한 번도 먹지를 않고 몰래 도랑에 던져버렸다. 철없던 어린 시절의 일이라지만, 살아오면서 친구 아버지와 친구에게 늘 죄송하고 미안한 마음이었으며, 특히 친구에게는 그동안 몇 번인가, 그때의 일을 회상하며 용서를 구하기도 했다.

나는 사직동의 충혼탑을 처음으로 친구와 친구 아버지를 따라갔었다. 신작로에서 올라가는 길이 너무도 가파른 길이었던 기억만은 지금도 생생하다.

불편한 몸을 목발에 의지한 채, 쇠갈고리 손으로 거수경례를 하시던 친구 아버지의 당당한 모습은, 그때는 몰랐는데 존경스러울 뿐이다.

지금 같으면 영웅 대접을 받아야 할 친구 아버지는 많은 고생과 고통속에 사시다가, 젊은 나이에 일찍 돌아가셔서 동작동 국립묘지에 계신다.

둘이서 한참을 옛날얘기보다는 우리들의 지금과 미래를 얘기하다가, 다음에 만남을 위해 헤어지면서 그 친구에게 연락처를 물으니, 찡그린 웃음으로 "이제는 뭘"하며 자기의 병세를 잘 알고 있다는 듯 그냥 돌아선다.

저 친구 역시 아버지로 인한 시대적 아픔의 대물림으로 가족 모두가 어렵고 힘든 삶을 살아왔음을 잘 알기에 돌아서 가는 친구의 뒷모습에서 이제는 멀기만 한 옛날 어린 시절 우리들의 그때가 너무도 그립다.

오랜만에 옛 친구를 만났고, 친구 덕에 지금은 우리에게서 많이 잊혀지고 있는 한恨 많은 세월을 살다 가신, 호국영령들의 숭고한 뜻을 되새겨본다.

6월이다. 시절이 변해도 우리는 그들의 고귀한 희생만은 잊지 말아야 할 것이다. 다시 한번 국가와 국민을 위해 희생한 호국영령들의 명복을 빈다.

# 고물 우정

가장 공평하다는 세월 앞에, 가장 불공정한 것이 인생인가보다.

오늘 아침 갑작스런 고향 친구의 부음에 세월과 함께 나를 돌아본다. 이 나이에 고향의 죽마고우 8명중 벌써 두 명이나 유명을 달리했다. 아침 밥상의 숟가락이 무겁다.

조그만 시골 동네의 산과 들에서 함께 뛰어놀던 고향마을은 초등학교 2학년 때까지도 전깃불이 없었다. 흰 등잔불과 호롱불이었다.

그 고향마을이 지금은 대단위 아파트 단지와 상가지역으로 변했다. 그 변화속에서 우리도 함께 이제는 고희古稀가 되었다.

오늘 우리 곁을 먼저 떠난 친구는 그 옛날 아버님이 조그만 고물상을 하셨다.

당시의 어린 마음에 어린 눈으로는 마당에 가득 쌓인 너저분한 온갖 고물들을 보면서 그 친구네 집이 부자였고, 우리들은 그 친구를 무척 부러워했다.

  60년대 중반에는 철물건이 귀했던 터라 철 고물이 돈이 되는 시절이였다. 초등학교 때 동네 친구들과 같이, 그 친구네 집에서 철 고물과 양재기 그리고 철조망 등을 몰래 갖고나와 다른 고물상에다 길에서 주웠다고 하고는 팔아서 중앙공원내의 극장인 시민관을 가고 군것질도 했다. 더구나 이 친구는 자기 집임에도 자기가 앞장을 서서 철고물들을 몰래 갖고 나왔다.

  동네 앞으로는 조치원으로 가는 충북선 철길이 지나간다. 멀리서 기차 기적이 울리면, 친구네 집에서 놀다가 뛰어나와 철길에 엎드려 귀를 대고, 기차가 어디쯤 오나 진동으로 추측을 한다.

  그리고는 철길에 못이나 동전 등을 올려놓고, 기차가 지나가면 납작해진 못을 돌에다 갈아서 꼬챙이를 만들었다. 그 꼬챙이로 개구리도 잡고 겨울에는 얼음썰매의 밀대도 만들었다. 납작해진 동전으로는 목걸이를 만들었다.

  기차가 지나간 레일은 마찰열기로 따뜻했다. 모두들 엎드려 레일에 얼굴을 비비며 온기를 느끼고는, 거무스레한 얼굴을 마주하며 함께 웃었던 친구들이다.

  오늘 그때 함께 놀던 친구의 마지막 길에 남은 친구들이 모두 모여 그때를 회상한다. 돌아갈 수도 다시 해볼 수도 없는 소중한 추억이다.

  언젠가 친구네 집 철 고물을 몰래 갖다 팔고 오다가, 그 고물상 집

아저씨가 친구 아버님을 만나러 친구네 집에 왔다가 우연히 친구를 보게 되어 모든 것이 탄로가 났다.

우리 모두는 '이제는 죽었구나' 하는 공포의 두려움에 함께 모여 반나절을 숨도 못 쉬고 있었다.

곱슬머리에 키도 크고 무섭게 생기신 친구 아버님은 이미 알고 있었다고 하시며, 뜻밖에도 용돈 대신 철 고물을 준 것으로 생각한다며, 친구와 우리를 혼내는 대신 머리를 쓰다듬으시면서 타이르셨다. 지금 생각해도 참으로 뜻밖의 일이었다.

그때에 친구 한 명이 나중에 자기도 열심히 공부해서 커다란 고물상을 할 거라고 말했던 기억도 새롭다.

훗날 우리가 성인이 된 후, 병석의 친구 아버님께 수차 그때의 미안함과 고마움에 항상 감사하다는 말씀을 드렸다.

지금까지도 우리는 항상 철 고물로 맺어진 단단한 고철우정이라고 했다. 그러나 세월과 죽음 앞에서는 철 고물 우정도 다 소용이 없다.

그때 놀던 철길은 상가 도로가 되었고, 지금도 나이든 사람들은 그 도로를 철탑도로라고 부른다.

돌아보니 먼 길 60년 전 초등학교 4학년 때의 일이다.

철부지 철없던 어린 시절 고철로 맺어진 금쪽같이 단단한 추억이련만, 이제는 한 조각 한 조각 녹이 슬어 이승과 저승으로 갈라지는구나. 지금은 다 사라진 추억이다. 떠나는 친구가 많이 그립고 생각난다.

친구야! 그때가 많이 그립구나.

## 코로나 여름

해마다 여름이 조금씩 앞당겨 온다. 올여름도 시작부터 삼복더위이다.

한낮 기온이 30도를 훌쩍 넘고, 폭염주의보까지 내려진 곳도 있다니, 분명 올여름의 기온이 정상은 아닌듯 싶다.

더구나 금년 여름은 역대 최고 최악의 폭염 무더위와 긴 장마가 예상된다는 기상예보이고 보면, 절기도 무시되는 올 여름나기가 걱정이다. 이웃나라 일본과 중국은 이미 장마로 인한 엄청난 홍수 피해가 극심하다.

갈수록 지구는 뜨거워진다. 온실가스 등의 대기오염으로 인한 환경 탓이라지만, 봄과 가을은 사라져가고 겨울도 점점 더 짧아져만 간다.

춘하추동 사계절이니, 사시사철 삼한사온 등의 표현도 이제는 정겨운 옛말이다.

　기온상승으로 머지않아 사과를 재배하지 못하고, 강원도에서 귤을 재배하는 생태환경으로 변화된단다.

　그래서 우리나라 기후를 코프리카(코리아+아프리카)기후라고 한다.

　특히나 올해는 이른 무더위보다도 더 앞서 찾아온 공포의 코로나19로 인해 이제껏 경험해보지 못한 불안과 무더위와 장마가 일상생활을 아주 힘들고 지치게 한다.

　아무리 첨단과학의 시대라고는 하지만, 기상이변이나 신종바이러스 전염병 앞에서의 인간은 여전히 무력하다.

　오늘도 아침부터 무덥다. 평상시보다 이른 새벽에 회사에 출근했다. 시내버스는 운행 특성상 기사들이 새벽 4시에는 출근, 각자 자기의 운행노선과 시간에 맞춰 순서에 따라 촘촘히 출발을 한다.

　새벽 첫차 출발의 약 30분 전후로는 60~70명의 기사들이 몰려 각자의 운행준비로 활기차고 분주하며, 복잡함의 북새통이 마치 시골 5일장 풍경보다도 더하다.

　출발 전 얼음물로 목을 축인다. 안전과 친절운전을 위한 하루 시작의 다짐이고, 자기 각오의 출발 점호이다. 정신집중과 마음을 가다듬는 워밍업이기도 하다. 옆에서 지켜보고 있는 나는 그냥 덩달아 부산하다. 오늘도 모두에게 무사고 안전운전을 기원하며 격려를 한다.

자기 노선별로 출발하는 새벽 기사들을 격려하고, 60여 대의 시내버스가 썰물처럼 모두 빠져나간 빈 차고지를 한 바퀴 돌아본다. 겉으로 보이는 시원함과 마음속 허전함에 텅 빈 차고지가 커다란 운동장보다도 더 넓어 보인다.

여전히 차고지 한편에는 코로나19로 인해 15대의 시내버스 차량이 벌써 두 달여 휴차 중이다. 기사들의 일자리 감소이기에, 보기만 해도 안타깝고 답답하며 걱정이다. 기약 없는 코로나19로 인한 정국의 냉혹한 현실이다.

올여름은 코로나 공포로 무더위를 피할 쉼터도 함께할 친구는 물론 심리적, 경제적으로도 여유가 없다.

코로나 공포의 무더위 앞에서 모두가 서로를 경계하는 불신과 불안으로 불편하고 조심스러운 여름이다.

어쩌면 올 여름은 변하고 잃어버린 것이 많은 여름이기에, 또한 새로이 다시 시작해야 할 것들이 많은 여름이기도 하다. 마스크 사재기 논란은 많이 낯설고 조금은 서글픈 풍경이다.

서로가 거리두기 생활, 마스크 회의, 마스크 결혼식, 마스크 장례식, 무관중 공연이나 운동경기에 마스크 해수욕장까지라니…. 마스크 없이는 일상의 모든 생활이 불가능한 특이한 여름이다.

시내버스 기사들 역시 하루 8시간 이상을 마스크를 쓰고 운전을 해야 함은 불편 아닌 고통이다. 마스크가 올 여름 최고의 생존 필수품이다.

그래서 2020년 여름은 오롯이 각자가 견디고 감내해야만 하는 아주 힘들고 고독하며 특이한 여름으로 기억될 것이다.

이 같은 코로나19 열기에 밀려 지난 4월에 이어 어저께 우리 회사 직원 2명이 자신의 의지와는 무관하게 스스로 또 회사를 떠났다. 더구나 떠나는 그들에게 금년 여름은 아무런 계획이 없단다. 가슴이 아리다. 어찌하랴, 코로나 여름의 불운이고 불행인 것을.

나와 회사를 탓하지 않고, 코로나만을 원망하며 떠나는 그들의 뒷모습이 폭염보다도 더 무덥고 코로나19보다도 더 가슴 아프다. 겉으로는 웃으며 떠나는 그들의 속마음은 아마도 코로나 환자의 고통보다도 더하리라. 그동안의 인연에 감사함을 남기고 떠나가는 그들 뒤에서 미안함 이전에 내가 나에 대한 감정에 북받친다. 그간의 정과 세월에 대한 안타까움이다.

회사를 떠나면서도 오히려 나를 위로하는 뒷모습에 내 스스로가 작아지면서도 울컥한 감동과 각오가 겹친다.

내가 할 수 있는 게 아무것도 없다. 더구나 한 분은 자녀가 아직 어리고 장애라고 하니 더 눈을 마주할 수 없을 정도로 가슴이 미어진다. 앞으로의 계획을 묻기가 겁이 난다. 묻지도 못했지만, 그들에게 올여름이 얼마나 무더울까 싶다.

저녁이라도 함께하자는 제의도 거절함에 사무실에서 차 한잔으로 지금까지의 인연과 앞으로의 이별을 논하기에는 내가 더 초라하다. 맞선자리나 사돈과의 만남보다도 더 불편함은 두 분이 그동안 회사를 위해 얼마나 많은 일을 열심히 해왔는가를 잘 알기에 나로서는 아무런 할 말이 없다.

양말 두 켤레를 이별 선물이 아닌 또 다른 만남의 약속 선물로 남기고 돌아선다.

나는 다음에 꼭 다시 만나 함께 일하자는 공수표 같은 나만의 약속으로 답을 한다.

모두가 한 가족이라지만, 누구나 만나면 언젠가는 헤어지는 것이 인지상정이다. 슬픈 이별의 고통을 또 겪는구나. 코로나 이별이다.

돌아보니 어쩌면, 우리는 그동안의 일상에서 아주 평범하고 당연하며, 소소한 많은 것들에 대해 너무도 무심했고 무시해 왔다. 건강하게 일하는 기쁨과 동료들의 고마움, 소박한 생활의 즐거움 등 이번 코로나 여름이 새삼 많은 것들을 깨닫게 했다.

무덥고, 코로나로 잃어버린 것이 많은 올여름을 모두가 잘 이겨내어 회사를 떠난 직원들과 재회를 기약하자.

이 여름이 빨리 지나갔으면 하는 바램속에 가을의 시원함이 많이 기다려진다.

# 진천 장날

멀리서 보아도 오늘이 장날이다.

장터 주변이 장날의 열기로 후끈하다. 벌써 주차장으로는 차량들이 줄을 잇는다. 예전에는 이른 새벽 진천읍내 백곡천 둔치에서 천막들이 먼저 5일장을 알렸는데….

초여름 5월임에도 벌써 한여름 같은 무더위에 진천 5일장을 찾았다.

충북의 중심부에 위치한 진천은 예로부터 많은 고사故事와 신화적 전설들을 간직한 전통고장이며, 지리적으로도 내륙의 교통요지이다.

자연재해가 없는 천혜의 자연환경과 비옥한 토지, 후덕한 인심이 잘 어우러진 사람과 자연의 조화로 참 살기 좋은 고장이다. 그러기에 진천하면 생거진천生居鎭川이요, 농다리籠橋와 진천쌀과 참숯으로도 아주 유명하다.

 진천 장은 진천읍내 중심인 백곡천 둔치에서 옛날부터 보부상들에 의해 대대로 자연형성된 전형적인 시골장이다.

 이후 2015년경 현대화된 지금의 새로운 장소로 이전하였다. 과거 시골스러움의 운치와 충청도 전통의 정겨움인 느림의 여유가 다소 시대에 밀리면서, 순수 전통 재래시장으로서의 아쉬움은 있다. 물론 재래와 전통에도 생존을 위한 변화와 발전의 조화는 필요하다.

 시골의 전통 5일장은 그 지역의 삶의 현장으로 문화이면서 역사이기에, 전통 재래시장의 활성화는 곧 새로운 미래의 전통이며 문화이다.

 대부분의 시골 5일장은 그 지역 특유의 토속적인 색깔과 향기가 있다. 볼거리, 먹을거리, 즐길거리, 느낄거리, 대화거리 등이 어우러져 옛날 어릴적 도떼기시장의 향수와 추억을 되살리기에는 충분하다. 그래서 시골의 5일장은 그 지역 사람들이 정과 흥을 북돋우고 베푸는 장場이며, 어울림의 한마당으로 서로가 삶을 함께 나누는 훈훈한 인심의 현장이다.

 진천 5일장도 과거와 현재가 공존하는 허술한 듯 세련되고, 복잡하고 무질서해 보이지만, 푸짐하고 소소한 자연스러움이 정겹다. 어쩌면 다소의 불편함이 오히려 진천 5일장만의 커다란 매력이고, 정취이며 진천의 향기가 아닐는지? 그래서 시골 5일장은 그 지역 사람들이 살아가는 일상의 세상살이 이다.

오늘은 초여름의 장인지라 각종 모종과 묘목, 채소들로 풍성하다.

장날은 장사꾼들의 특유한 몸동작과 능숙한 표정연기 그리고 손님을 부르는 걸죽한 목소리의 상품선전, 풍성한 사투리의 말잔치로 밀고 당기는 흥정의 짜릿한 긴장감, 그래서 시장은 바로 우리들의 진솔한 삶의 현장現場이다.

장날에는 시장안 사람들 모두가 처음인데도 친숙하며, 모르면서도 다 아는 듯 서로를 우리네 식구들이라고 한다.

시장을 한 바퀴 돌고나니, 진천군 전체를 다 돌아본 듯하다.

그래도 여전히 내 손은 빈손인데 눈과 마음은 풍요롭다.

노란 양재기의 누룩막걸리와 파전과 순대에서 풍겨나는 추억의 향기와 옛날사람 냄새, 줄서서 북적대는 호떡집, 유행도 쫓겨 가는 현란한 전천후 야외 의류매장, 국밥과 잔치국수의 포장마차, 농기계, 생필품, 옛날과자 등 풍성하고 역동적이며, 현란하고도 화려하다. 없는 것 말고는 다 있고, 안되는 게 없다는 신기한 도깨비 상품의 만물상은 정말 진천 5일장의 별미이다.

한쪽 노견에 널찍하게 터 잡아 예쁜 화분 꽃을 파는 아주머니는 몰려든 사람들로 신이 났다. 이꽃 저꽃 날아다니며 묻지도 않았는데, 웃음꽃으로 대답을 한다. 꽃과 함께 살아서 그런지 꽃보다 더 밝고 환하며 상냥하다. 멀리서 보니 아줌마가 진천장날 가장 큰 꽃이다.

장터 입구의 가장자리에 옛 골동품 장수 아저씨는 간이의자에 앉자 벌써부터 낮잠 삼매경이다. 골동품을 파는 건지, 낮잠을 파는 건지, 아직도 꿈나라에서 진천장을 찾아 헤매는 건 아닌지?

오늘은 옛날부터 시골장의 감초이며 단골손님인 술주정뱅이와 품바의 약장수가 보이지 않으니 조금은 아쉽다.

좌판에 마주앉은 아주머니와 할머님들의 구수하고 느긋한 충청도 사투리의 느린 대화가 진천 5일장의 가장 멋진 특산품이다. 언뜻 오랜만에 낯익은 사투리가 반가워 돌아보며, 나도 알아들었다는 표정을 미소로 답한다. 그렇다, 시간과 세대 차이와 공존을 함께 느낄 수가 있는 곳이 바로 시골의 장이다. 전통재래시장은 현대인의 정서적 휴식처이며, 옛 정취가 묻어나는 그 시절 삶의 애환과 혼이다. 어린시절과 옛 추억들을 되살려주는 곳이기에. 부모님이나 고향의 그리움을 달래보고 싶다면, 시골 5일장 체험을 권하고 싶다, 특히 온라인 쇼핑 세대인 젊은이들에게 말이다.

불현듯 누군가가 '취미가 시골 5일장 구경하는 것'이라고 했던 생각이 난다. 그렇다. 삶의 멋과 느림의 여유와 묘미가 있는 좋은 취미이다.

이제는 점점 진천의 전통 재래시장도 국제시장화가 되어가고 있나보다.

포장마차에서 동남아 외국인 노동자들이 삼삼오오 오뎅을 맛있게 먹는다.

이제는 낯설지 않는 진천장 풍경이다. 이미 그들은 진천장날에 많이 익숙해져 있고 즐길 줄도 안다. 우리의 트로트 장단에 맞춰 자기 나라 고유의 전통춤을 추면서 향수를 달랜다. 표정은 각자 다르지만, 아마도 그들은 지금 자신들의 고향과 가족들의 그리움이 하나 되어 서로가 위로하며, 나름 진천 장을 즐기고 있다. 보고 있는 나도 즐거워 엄지 척을 하니 몸을 더 흔든다.

전통시장 앞에서 우연히 선배부부를 만났다.

공직에서 정년퇴직 후 건강상 시골로 귀농했다는 소식이후 2년여 만이다. 대머리에 검은피부, 깊은 주름은 전형적인 촌로의 모습이다. 무척 반갑다. 백곡면에서 부부가 농촌생활에 적응하며 다행히 건강을 회복하여 잘 지낸다며, 벌써 진천 자랑이다. 아니 그럴 수밖에 이제는 진천이 노년고향이 아니든가.

선배는 연금과 책에 의지하며 편안하게 자연과 함께 잘 지낸다며, 자신은 복 받은 사람이라고 자화자찬이다. 가면서 먹으라고 시장에서 산 도너츠와 꽈배기를 내게 나누어준다. 돌아서는데 형수는 내게 다가와 선배의 병세가 매우 안 좋다고 무겁게 귀뜸한다. 순간 나는 울컥했지만, 오히려 더 활짝 웃으면서 그 선배가 준 도너츠와 꽈배기를 양 손에 번쩍 들어 흔들면서 선배에게 다시 장난끼 어린 큰 인사를 했다. 아 그렇구나, 웃으면서도 내 마음이 무겁다. 차창으로 손을 흔드는 선배의 모습에 혹시나 이것이 하는 마음에서 내가 또 돌아본다.

오늘 진천 장은 옛날로 돌아가 어린 시절의 먼 시골 고향집을 다녀온 듯, 피곤함보다 정겹고 아쉽지만 푸근하다. 빈손임에도 마음이 풍요로움은 생거진천에서의 오늘 하루가 많이 즐거웠나보다. 선배의 건강을 기원한다.

# 직지 할아버지

그때는 몰랐다.

추석 때나 구정 때 고조할아버지 산소에 성묘를 가면, 왜 돌멩이와 작은 기와조각들이 그리도 많았는지를….

내가 어릴적 산소에 성묘를 갈 때마다 할머니는 늘 말씀하셨다. 연당리(지금의 운천동)에 있는 고조할아버지 산소에 가면, 주변에 돌과 기와 조각 등이 많으니 다치지 않도록 조심하라고 하셨다.

훗날 고등학교 시절에 고조할아버님의 산소에 대해 구전口傳으로 내려오는 사연을 큰아버님으로부터 들었다.

옛날부터 우리집안이 소생이(현, 신봉동) 동네에서 문화류가文化柳家의 종손으로 커다란 부자로 살아오면서 후손들의 더 큰 부귀영화를 위해 조상을 모실 명당 묘자리를 찾았다고 한다. 그때 연당리에 조그마한 암자가 있었는데, 그 암자 터가 아주 명당이라고 소문이 났단다.

그 후 과정이야 어찌됐든, 그 절의 스님을 강제로 내쫓고 절을 부수고는 그 자리에 고조 할아버지 묘를 썼다고 한다. 그래선지 할머니 집 다락에는 족보와 옛날의 불교 서적들과 고서적들을 많이 볼 수 있었다.

산소 아래로는 조그만 우물터가 있었다. 우물가에는 커다란 검은 빨래바위와 그 옆에는 오래된 굵직한 향나무가 비스듬이 우물터를 그늘로 만들어주었다. 연당리 아주머니들은 그 우물터에서 빨래를 했고, 그래서 우리는 그 곳을 연당리 빨래터라고 했으며 어린시절 우리들의 놀이터이기도 했다.

정초에는 그 우물가의 빨래바위에 시루떡을 놓고 마을의 안녕을 비는 고사告祀를 지내기도 했다.

그 우물가 뒤로는 장구봉(현 운천공원)산이 그리고 좌우로는 나지막한 능선이 감싸고 있으며 앞으로는 탁 트인 농경지인지라 아마도 지형상 명당이라 했던 것 같다.

청주시의 도시개발에 밀려 1983년에 고조할아버지 산소를 비롯하여 장구봉(현 신봉동과 운천동 일대의 운천공원)에 있던 선대 산소 10여 기를 오창면 백현리로 이장하게 되었다.

이때 이장하는 과정에서 고조할아버지의 산소를 파묘를 하자, 묘 주변에 커다란 화강암 바위와 기와 조각들을 발견하게 되었고, 이를 청주시에 신고하면서 본격적으로 문화재 발굴이 시작되었다. 이를 계기로 흥덕사지의 존재와 이곳에서 세계 최초의 금속활자를 주조하여 직지를 발간했다는 역사적 사실이 세상에 드러나게 된 것이다. 당시에 이장移葬을 주관했던 아버님과 당숙 아저씨는 돌아가실 때까지도 고조할아버님 얘기만 하면, 북받치는 감정으로 그때의 일들을 무용담 같이 자랑으로 말씀하셨다. 이장 후 우리 집안에서는 고조할아버지를 직지 할아버지로 부르고 있으며, 모두가 직지의 홍보 역할을 톡톡히 하고 있다.

우리 집안 사람들은 직지와의 특별한 인연에 자긍심을 갖고 가문의 영광으로 생각하며 자랑스러워한다.

언제 어디서든 직지나 흥덕사지 말만 나오면 자청해서 먼저 자랑이다. 우리 고조할아버지가 바로 직지 할아버지라고.

아직도 증조 할아버님과 증조 할머님 그리고 작은 할아버님 산소는 여전히 흥덕사지 윗 편의 운천공원에서 변함없이 흥덕사지를 바라보고 계신다.(청주시의 공원화 사업으로 2023년도에 모두 이장을 함.)

해마다 그랬듯이 올 추석 성묘에도 우리 집안은 흥덕사지를 둘러보고 장구봉(운천공원)정상의 산신 제례바위에서 옛날의 모습을 그려 볼 것이다.

어릴적 동네의 모습과 고조할아버지 산소를 그리고 아주 오랜 옛날 금속활자를 주조하던 흥덕사의 모습도 상상해 볼 것이다.

그리고 지금도 프랑스 파리 국립도서관에 고서古書중에서도 특별히 관리되고 있는 직지심체요절의 원본이 하루속히 반환되어 직지의 고향 청주의 고인쇄 박물관에서 상시 전시될 수 있도록 기원할 것이다.

## 아주 가까이에서 온 편지

오랜만에 우편함에 우편물이 눈에 띈다. 아주 반가운 손님을 맞이하듯 기쁜 마음으로 반기면서도 궁금하다.

퇴직후 5년이 지난 요즘은 광고우편물이나 세금고지서외에는 나를 찾아주는 우편물이 많이 줄었다. 흔히 우편물이 나이에 반비례한다고들 한다. 그래선지 갈수록 모든 우편물에 애정과 반가움이 커져만 간다. 나이 탓이다.

그래도 가끔은 불청객 우편물로 곤욕을 치르거나 기분이 상하기도 하는 두려운 우편물도 있다.

자동차 '교통법규위반통지서'이다. 준법과 돈의 가치가 크게 느껴지고 왠지 아깝고 억울함에 북받쳐 꼭 부부싸움의 원인이 되기도 한다.

오늘 나를 찾아온 손님은 청원구 보건소임에 먼저 여유있는 안도

감으로 행정홍보나 행정업무의 안내려니 하는 선입견으로 잠시의 반가움과 궁금증이 곧 사라진다.

항상 나는 우편물을 발송한 사람의 정성과 수고에 대한 보답 그리고 나에 대한 인연의 정情이라는 생각에 우편물 대부분의 내용을 확인한다.

오늘은 보건소에서 나에게 2가지를 전달해 준다. '무료독감예방접종' 안내와 '치매안심센터지원' 안내이다. 인쇄된 우편물이지만, 매우 친절하며 고맙고 감사하다.

더구나, 보건소에서 보낸 이 안내문은 아무나 받을 수 있는 것이 아니라 일정요건의 경우에만 받을 자격이 있다. 즉 나이 제한이 있는 것이다. 미성년未成年이거나, 미노년未老年에게는 해당이 되지 않는다.

생각난다. 옛날에도 보건소에서 부모님에게 무료 예방접종을 안내하던 그때가. 지금에 내 나이가 나도 모르는 사이 세월의 안내로 그 옛날 부모님의 그 자리를 물려받은 것이다.

당시 수동에 있던 청주시 보건소에 부모님 두 분이 손을 잡고 가시던 그 모습이 생생하다. 요즘보다는 더 쌀쌀한 가을날씨에 어머님이 아버님의 목덜미에 둘러주시던 잿빛 목도리가 눈에 선하다. 지금은 어머니만 혼자 계신다.

보건소 치매 안심센터의 서비스 제공에 관한 안내서를 보면서 한편으로의 내 마음은 숙연해지면서 무겁다. 내가 치매 검진과 주기적인 치매 관리 대상의 어르신이란다. 아주 친절하고 자세하게 설명되어 있다. 어르신에 대한 배려이다. 글쎄다, 아니 벌써 내가 어쩌다가 이 나이가 되었나? 지금에 내가 나를 완강히 부정하며 거부해 본다. 더구나 치매와는 아주 거리가 멀고 아직은 내가 어르신도 아니라고 생각하는데….

탁상거울을 본다. 눈썹 새치가 확대되어 보인다. 자세히 살펴본다. 아 그렇구나, 이미 내가 어르신이 된 것을 미처 내가 모르고 있었구나.

남의 일로만 생각하여 무관심해 하던 일이었는데, 어느덧 내 나이가 독감과 치매를 국가가 관리해 주는 어르신의 나이가 된 것이다. 마음이 서글프고 우울하다. 현실을 인정하고 받아들여야 한다. 그게 바로 지금의 나다.

독감과 치매가 내 나이를 따라 이미 내 주변 가까이까지 와 있음을 알려 준 오늘의 편지에 대해 고마워하자. 아니 내 나이와 내가 어르신임을 일깨워주었음에 감사하다.

어떻게 할까? 그래, 아직은 치매에게 내 나이를 속여 보자.

머리염색에 화려한 옷에 어깨를 추켜세우고 젊게 치장을 하고 우렁찬 큰소리로 오늘의 이 편지에 용기있고 당당하게 답을 하자.

앞으로는 지금보다도 더 꾸준히 운동을 하며 매사 젊음의 열정과 긍정적인 사고로 체력관리와 생활관리로 어르신의 맞춤형 건강관리를 철저히 하여 치매에 대비하고 맞서 나갈 것이라고.

오늘날 우리 사회의 커다란 화두의 하나가 장수시대長壽時代임에 가정마다 개인마다 노후의 건강과 복지, 그리고 웰다잉이 심각한 문제가 아니던가?

무병장수가 내 욕심대로 마음먹은 대로 되는 것은 아니다. 그만큼 노년의 삶 자체가 힘든 일이다.

내일은 아침 일찍 단독주택에서 홀로 거주하시는 어머님께 들러 보련다. 아버님 계실 때 늘 함께 대비하신 탓인지 치매와 독감을 이기시고 건강하게 이제 구순을 바라보는 어머님이시다. 그래서 나는 어머님께 감사해 하는데 남들은 내가 효자란다. 아니다 어머님의 복이고 우리 4남매 모두의 복이다.

장수 시대의 효자는 부모님이 건강만 하신다면 자식은 다 자연효자自然孝子가 된단다. 그래서 내 욕심은 나도 자연효자이면서 어르신 효자가 되고 싶다.

# 새벽을 여는 사람들

　새벽 운동으로 하루를 시작한다. 8월 초 이른 새벽 검푸른 어둠 위로 먼동이 붉은빛으로 타 오른다. 나는 무심천 서쪽 제방 둑길의 긴 가로등 불빛 사이로 새벽을 향해 달린다. 길가에 핀 흰 꽃들은 나를 반기며 새벽길을 터준다. 벌써 우암산 너머 구름위로 붉은 태양이 떠오르기 시작했다. 이슬바람의 촉감도 촉촉하다.

　여기저기서 형형색색의 야광 파크 골프공이 현란하게 새벽어둠을 휘저으며 날아간다. 마치 제집을 찾아가듯 홀컵으로 '땡그렁'하고 떨어진다. 깔끔한 공 소리에 정신이 맑아진다. 고요함에 생동감 있는 새벽의 깨끗한 소리이다. 내가 도착한 곳은 미호강변의 파크 골프장이다.

　나는 오늘로써 파크골프 입문 3개월째이다. 지난 5월 초 아침 걷기 운동을 하고 들린 해장국집에서 우연히 좋은 정보를 듣게 되었다. 앞자리의 나이 드신 손님들이 파크골프에 대한 각자의 자랑을 하고 있었다. 아마도 아침 식사 내기 새벽운동을 하고 온 듯하다. 모두가 자기 경험을 토로했다. 운동 이후 허리 병과 관절염이 나았다느니, 식욕이 좋아졌고 소화도 잘되며 잠도 잘 잔다고 하며, 푸른 잔디로 인해 침침했던 눈까지도 건강해졌다고 한다. 나는 마치 파크골프가 만병통치 운동인 듯 솔깃해졌다.

분명한 건 그들은 운동으로 인해 생활이 활력 있고, 건강한 자신감으로 인한 각자의 생동감 있는 삶을 자랑하는 것이다. 다소 과장된 얘기일지라도 그럴싸한 재미가 이미 운동으로 건강해졌다는 증거가 아니던가. 그분들의 얘기를 듣는 순간 '아 지금의 내가 파크골프 운동이 필요한 사람이구나' 싶었다.

지난해부터 나는 허리에 약간의 디스크 증상이 있었고, 올해 초 신체검사에서도 확인이 되었다. 의사는 경미한 초기증상이니 우선은 적당한 걷기운동이 좋다고 권했다. 주저하고 망설이면 안되겠다 싶었다. 그날 오후 청주시 생활체육회를 통해 파크골프협회를 안내받아 입회를 하고 '한마음 클럽'으로 배정을 받아 며칠간 이론과 실기교육도 받았다.

지정된 짝수 날에는 새벽 5시부터 6시 30분까지, 그리고 오후에는 4시부터 약 한 시간 정도 하루 두 차례씩 연습을 했다. 무조건 배우는 자세로 잘 치시는 분들에게 먼저 다가가 살갑게 인사를 하고 한 수 지도를 부탁했다. 다행히 갈수록 재미가 있어 열심히 노력하니,

자연스레 실력도 향상되었다. 하루하루 사람들과 나누는 정과 주변의 자연환경에 대한 애정까지 더해지니 즐거움은 배가倍加 되었다.

파크골프를 치면서 동창과 선후배는 물론 예전부터 친분이 있던 분들을 다시 만나 새로운 인연을 만들어가니 서로가 즐겁다. 청주 파크골프장은 도심 외곽지인 무심천과 미호천이 합수合水되는 삼각점의 경치 좋은 미호천 보洑 옆 까치내(옛 지명) 둔치에 자리하고 있다. 넓은 골프장의 푸른 잔디와 주변 환경만으로도 누구나 건강해질 정도로 풍광風光이 참 좋다.

예전에 이곳은 대단위 대파와 땅콩 재배단지로 유명했던 곳이다.

이제는 60년이 지나 많이 변했다지만, 초등학교 어린 시절에 미역 감고 어레미(얼기미)로 물고기 잡으며 고운 모래사장에서 뛰어놀던 그때 그 시절 그 모습이 선하다.

골프장 주변은 인공人工이 아닌 자연 그대로의 커다란 화원花園이다. 무궁화 꽃과 노란 달맞이 꽃, 박쥐나무 꽃과 흰 망초 꽃들이 갈대와 숲을 이루어 새벽운동을 하는 이들에게 수려한 경관을 덤으로 안겨준다. 파크골프운동은 남녀노소 상호간에 예의와 존경으로 서로가 함께 격려하고 화합하며, 소통하는 운동으로 모두가 한 가족이다. 그래서 요즈음 나는 만나는 사람마다 파크골프운동을 자랑하고 권한다. 어느덧 내가 파크골프의 예찬론자이며 전도사가 되었다. 처음 나를 파크골프로 인도한 5월의 해장국집에서 만난 그분들보다 더 열정적이다. 나는 늘 그분들에게 감사한 마음을 갖고 있다.

푸른 잔디 위에서 운동에 열중하는 나이든 청춘들을 보니 젊고 멋있다. 새벽운동 시작 이후로 나의 하루는 26시간이 되었으며, 하루의 시작이 힘차다. 집안 식구들 모두가 좋아한다.

특히 구순九旬이 다 되신 어머님이 열렬히 지지하고 응원하신다. 어머님께서도 50대부터 아버님이 돌아가시기 전까지 20여 년간을 새벽에 아버님과 우암산을 산책하셨다. 또한 두 분이 배드민턴 운동으로 건강을 다져오신 터라, 나의 새벽운동을 무척 반기며 칭찬하신다. 어머님은 젊어서부터 삼시 세끼 밥과 꾸준한 운동이 보약이며, 건강을 유지하는 비결이라고 늘 말씀해 오셨다. 미루거나 게으르면 병이 된다시며 기왕 시작한 거면 건강을 위해 꾸준히 열심히 하라며 볼 때마다 내게 말씀하신다. 나이 들어가는 외아들에 대한 변함없는 어머님의 사랑에 내 마음이 울컥하다. 어머니는 내 모습을 보며 그 옛날 우암산에서 함께 운동했던 아버님과의 그 추억을 회상하는 듯하다.

나는 자연스레 함께 운동하는 분들의 연륜에서 우러나는 그들의 인생철학도 배운다. 파크골프 운동을 시작한 이후 짧은 기간이지만, 나 역시도 눈에 띄게 건강해졌다. 심리적인 자신감과 나이보다 젊게 샘솟는 열정은 이미 내 마음의 병부터 다 나은 듯하다. 오늘도 하루를 여는 가을맞이 새벽 운동은 참으로 즐거웠다.

어느덧 싱그러운 가을바람 소리와 골프장 주변 꽃들의 아름다운 새벽풍경을 노환으로 집에만 계시는 어머님께 얼른 전해 드려야겠다.

# 119 구급차량 탑승기

 2013년 7월 13일 토요일이었다. 한여름이라 흐리고 바람 한 점 없는 후덥지근한 날씨였다.
 아침 일찍 경남 양산시의 장례식장에 친구의 어머님 상 조문을 마치고 나니 오전 10시. 이런저런 생각속에 앞을 보니 부산의 금정산이 바로 앞이다.
 금정산에 올라 한적하게 낙동강 바람이나 쐬고 싶다는 유혹에 이끌려 네비게이션이 안내하는 대로 호포 전철역 뒤편으로 갔다.
 금정산에 있는 고려시대 마애불상인 가산리 마애여래입상을 참배하고자, 물 한병과 1회용 비닐 우의만을 갖고 가벼운 마음으로 등산을 시작했다.
 금정산 정상이 800미터인데, 마애불상은 8부 능선쯤으로 추정되기에 준비 없이 여유를 부리며, 멀리서 불어오는 김해시와 양산시와 부산시가 마주하는 낙동강하구의 강바람을 맞으며 등산을 시작했다. 평소에도 1000미터 이상의 산을 자주 등산하던 터라, 오랜만에 멀리서 갖는 마음의 여유로움에 산행은 즐거웠다. 어느 정도 올라가자 짙푸른 조릿대 대나무가 내 허리를 때린다. 간간이 이름 모를 커다란 나무들의 울창한 숲 사이를 지나면서 눈을 감아보기도 하고 심호흡을 하며 바위와 바람과 나무들과의 숲속 대화도 한다. 한 여름의 등산 더위를 낙동강 바람이 멀리서 온 나를 제대로 손님 대접을 해준다.

쉬엄쉬엄 거북이 등산으로 깊은 계곡 옆에 우뚝 선 금정산 마애불상을 참배한다. 사진에서 본대로 웅장하다. 멀리서 보이는 아름다운 풍광과 나를 붙잡는 마애불상의 배웅이 늦어 뒤늦게 하산을 서두르다 조릿대 대나무 숲에서 등산로를 잃어버렸다. 급한 마음으로 산속에서의 초조함에 서두르다 왼쪽 발이 바위틈새로 빠지면서 옷도 찢어지고 무릎에서는 피가 흐른다. 물도 없고 해가 저무니 심리적으로 더 초조하고 불안하다. 잠시 마음에 안정을 찾아 계곡 쪽으로 향하며 하산을 시도한다. 의외로 계곡이 깊고 큰 바위가 많으며 수풀로 앞이 잘 보이지 않는다. 반 이상은 내려온 듯한데, 이미 어둠이 발끝에 와 있다. 몸이 지치니 너무 피곤하다. 이제는 어지럽고 심리적인 불안감이 커진다.

안정을 취하고자 바위 위로 올라 비닐 우의를 펴고 잠시 누웠다. 바위가 듬직하니 차라리 이대로 하룻밤을 자고 내일 아침에 내려갈까도 생각해 본다. 내가 처한 현재의 상황은 아랑곳없이 편안하다.

조릿대 대나무가 서로 부딪치며 내는 '쓱삭아삭'하는 소리가 날카롭게 들린다. 정신을 가다듬고 휴대폰을 보니 밧데리가 28%정도 남았는데, 다행히 통화가능 표시가 두 줄이다. 더 이상 이런저런 생각이 없이 바로 119로 전화를 했다. 창원의 경남소방본부에서 전화를 받는 듯했다. 친절하고 차분하게 안내한다. 휴대폰 밧데리 용량을 묻고는 잠시 껐다가 켜고, 자리 이동을 하지 말고 기다리란다. 휴대폰으로 위치 추적을 하려는 듯하다.

119에 전화를 하고 나니, 금새 마음이 편안하다. 이미 어둠으로 멀리 시가지의 불빛이 아름답다. 잠시 후 산 아래 저쪽 능선에서 헤드 랜턴 불빛과 핸드 마이크 싸이렌 소리와 함께 무어라고 나를 찾는 듯한 확성기 소리가 들린다. 산울림 속에 나오는 거리가 너무 멀다. 나도 소리나는 쪽으로 움직여 보려고 하니 어둠이 막아선다.

이미 휴대폰 밧데리는 완전히 방전 되었다. 그래도 누군가가 나를 구조하러 온다는 확신에 안정된 마음이다.

나도 한발 한발 어둠과 수풀을 동시에 헤치면서 걸음을 내디뎠다. 얼마의 시간이 지난 후 멀리서부터 움직이는 헤드 랜턴 불빛이 점점 더 가까워진다. 불빛에 나도 더 힘이 난다. 힘껏 소리를 질러 나의 위치를 전하니, 드디어 두 분의 구조대원과 마주한다. 반갑고 고맙다는 말 대신에 미안하다는 말이 앞선다. 나의 상태를 확인하고는 부축을 받아 하산 임도에 있는 구급차량까지 왔다. 차량에서 대기 중이던 여성 구급대원으로부터 간단한 몸 상태를 확인하고는 팥빵과 이온 음료수를 먹고 나니, 그때서야 왼쪽 다리가 많이 아프다. 무릎의 옷은 찢어지고 피가 묻어 있다. 구급대원이 구급차량에 타라고 한다. 병원에서 몸 상태의 이상 유무를 확인해야 한다고 한다. 나는 괜찮다며 극구 사양하며 온몸 체조로 확인을 시켜준다. 구급대원은 웃으면서 다시 몸 상태를 점검하고는 무릎에 소독을 하고 붕대를 감아준다. 그리고 간단한 신상을 기록한 후 내 차량까지는 갈테니, 구급차를 타라고 한다.

구급차량에 타니 하얀 침대 시트가 너무 깨끗하다. 진흙으로 범벅이 된 내 옷으로 인해 차량 출입구 쪽에 쪼그리고 앉으려 하니, 나를 시트에 앉힌다.

또 미안하다. 말 없이 내 차량이 있는 곳까지 왔다. 나는 죄인인 양 미안함에 어쩔 줄 몰라하자, 다시금 나의 몸 상태를 확인하고는 가는 동안 전화와 도착해서 전화를 꼭 해달라고 한다. 청주까지 오는 3시간 동안 감사와 고마움 그리고 나의 준비없이 시작한 무모한 산행으로 인해 양산 소방서의 구급대원들을 고생시킨 것에 대해 반성을 많이 했다.

집에 도착해서 전화를 하니 다행이라며 나를 위로해 준다. 그때의 교훈으로 지금까지는 아무리 낮은 산이라도 사전 등산로 확인과 철저한 준비로 안전하게 산행을 즐기고 있다. 이제 어느덧 10년의 세월이 지난 그때가 나에게는 좋은 경험이자 잊을 수 없는 추억이지만, 고생한 119 구급대원들에게는 세월과는 상관없이 여전히 미안하고 고마운 마음이다.

## 동백꽃 사랑


새벽길 600여 리를 달려 꽃 봄을 맞으러 전남 강진에 도착하니, 이곳은 벌써 초여름 기운이 가득하다.

남쪽 바닷가의 봄바람은 바람결이 거세고 비릿할 줄 알았는데, 포근하고 부드러운 바닷바람이 스치듯 불어오니 상쾌하다.

탁 트인 전망 아래 멀리 강진만의 가우도 출렁다리가 희미한 선처럼 보이고 만덕산 백련사의 붉은 동백꽃 빛깔은 멀리서나 가까이서나 한결같이 강렬하고 화사하다.

20여 년 만에 다시 찾은 백련사이니, 주변이야 많이 변했다지만, 동백꽃은 옛정을 잊지는 않은 듯 예전보다 더 붉은 빛으로 나를 반긴다.

대웅보전 앞에서 바라보는 동백나무 군락지와 강진만의 먼바다는 한 폭의 그림이다.

천연기념물로 지정된 백련사의 동백나무 군락지를 지나 다산초당茶山艸堂으로 가는 길은 동백나무와 대나무 숲의 오솔길이다.

굽이굽이 얕은 고갯길은 옛 모습 그대로이니, 나 또한 옛날의 그 때로 돌아가 걷고 있는 듯 돌아보고 또 돌아보니 감회가 새롭다. 고갯길을 넘어서니 저편 대나무 숲 뒤로 동백꽃을 피해 바위 밑에 숨어 핀 진달래꽃이 외롭다.

사람의 키보다도 더 큰 동백나무에 송이송이 걸어놓은 듯 피어있는 동백꽃은 봄이 가기 전에 올봄을 더 붉게 물들이려나 보다.

옛날 어린 시절에는 동백꽃 하면, 아주 귀한 꽃으로 남쪽 지방에서만 볼 수 있는 겨울 속 봄꽃으로 여수의 오동도가 유명한 동백꽃 관광지였다. 이제는 기후변화로 중부지방 어디에서나 흔히 볼 수 있는 꽃이다.

동백꽃은 겨울에 피기 시작해서 2~3월이면 만개하여 시들기 전에 꽃잎이 아닌 싱싱한 꽃송이로 떨어진다. 떨어진 꽃송이도 붉고 예쁘다하여 두 번째는 땅에서 피는 꽃이라고 한다. 떨어진 동백꽃 송이들이 주변을 온통 붉게 물들이며, 나무에 핀 꽃만 보지 말고 떨어진 자신들도 보아 달라는 듯 바람결에 일렁이며 우리를 부른다.

동백나무는 사시사철 진초록의 푸른 잎으로 한겨울에 빨갛게 달아오른 붉은 꽃을 피우니, 예로부터 매화와 더불어 선비와 문인들이 좋아했다.

백련사 일주문에서 대웅보전으로 올라가는 동백 숲길의 동백꽃은 나무와 땅에서 동시에 피었다. 떨어진 꽃을 피해 걸어가는 한 걸음 한 걸음이 만덕산의 덕德의 향기와 역사의 숨결을 동시에 느끼는 동백꽃 명상길이다.

동백나무 숲속에서 여기저기 떨어진 동백꽃을 모아 하트 모양을 만드는 젊은 남녀의 모습이 동백꽃처럼 예쁘고 아름답다. 붉은 동백꽃 같은 두 사람의 사랑놀이가 재미있고 부럽다. 인생에 있어서 젊음은 봄에 활짝 핀 붉은 꽃이다. 봄도 젊음도 동백꽃도 모두가 아름답다.

떨어진 동백꽃은 젊은 남녀가 부러운지 마지막 붉은빛의 아름다움을 뽐내기 위해 서산으로 지는 봄 햇살을 따라 이리저리 쫓아 다닌다. 동백나무 숲속의 햇살은 떨어진 붉은 동백꽃 잎 속의 노란 꽃술을 더 노랗게 물들인다.

백련사 범종각 옆 기와 담장에 기대어 멀리 바다를 배경으로 머리에 동백꽃 한 송이를 꽂고 사진을 찍는 노부부를 보고, "두 분이 동백꽃보다도 더 아름답고 멋지시네요"라고 했더니, 할머니가 쑥스럽다는 듯 양손을 절레절레 흔들며 꽃처럼 화사하게 웃는다. 수줍은 소녀같이 곱게 늙은 멋쟁이 할머니의 해맑은 웃음도 봄꽃이다. 피는 꽃이든 지는 꽃이든, 사람도 꽃도 모두가 아름다운 한 송이 봄꽃이다.

백련사 일주문을 나서며 헤어짐을 아쉬워하는 동백나무 숲을 뒤돌아보니, 백련사 앞 동백꽃은 먼발치에서 어서 가라며 나를 배웅

하는데 강진만 바닷바람은 나를 붙잡는다.

 여전히 머리에 동백꽃을 꽂은 할머니는 할아버지의 손을 잡고 다정하게 내려온다. 고운 백발에 핀 동백꽃이라서인지 유난히도 붉다.

 올봄에는 활짝 핀 붉은 동백꽃 속에서 또 다른 아름다운 봄꽃들을 보았다.

# 황혼의 봄바람

해마다 3월이면 계절 탓인지 먼저 들뜨고 부산하다. 봄을 앞세운 꽃샘추위로 여전히 아침저녁으로는 쌀쌀하다.

올봄은 지난 2월 말의 강추위와 폭설로 인한, 다소 늦은 봄 햇살이라서 일까, 성급한 반가움에 마음이 분주하다.

봄 햇살이라 부지런한 건지 아침 식사도 하기 전인데, 벌써 봄 햇살이 거실의 반을 차지하고 있다. 맑고 파란 하늘에 쾌청한 날씨인데, 미세먼지가 또 봄을 시샘 하려나 보다.

오늘은 30여 년을 친형제처럼 허물없이 지내온 선배가 집들이하는 날이다.

열흘 전부터 선배의 성화가 지극정성이다.

전화로 문자로 다짐하고 확인까지 해주었는데도, 오늘 아침에 또 문자가 와 있다. 젊어서부터 후배들을 알뜰히 잘 챙겨왔던 오랜 습

관이 칠십을 넘어서도 여전히 변함이 없다. 그래서 따르는 후배들이 참 많다.

모두 모인 우리들에게 선배는 오늘에 집들이 의미를 설명한다.

두 명의 자녀가 결혼을 하여 분가한 터라, 선배 부부는 큰 아파트를 줄여서 조그만 새 아파트로 입주를 한 거란다.

특히 지금껏 살아오면서 늦었지만, 처음으로 이번에 신축 아파트에 입주를 하게 되어 선배로서는 나이와 상관없이 이번 집들이의 의미가 남다르다고 한다.

30년 가까이 오래 된 아파트에서 살다가 새 아파트로 이사를 한 것이니 그럴 만도 하다.

젊어서 남들의 집들이에 갈 때마다 언젠가 한번은 새 집으로 이사를 하면, 번듯한 집들이를 해보겠다고 생각을 해왔었는데, 그날이 바로 오늘이란다.

특히 형수는 늦었지만, 오늘 우리들과의 집들이가 지금까지 선배와 함께해 온 긴 세월에 대한 보답이라며 우리들에게 칭찬과 고마움을 아끼지 않는다. 신앙심이 깊은 형수는 오늘따라 행동도 말투도 표정도 모두가 순진한 어린소녀 같다. 숨길 수 없는 기쁨과 행복함이 함께 묻어난다.

나이든 부부의 집인지라 필요한 살림만 있어 단출하다. 이사하면서 많은 것들을 버렸단다. 옷도 가구도 살림도 사진도 또한 마음까지도 비워 그곳의 오랜 정도 두고 왔단다.

그래도 책장에는 옛날 책들이 그대로다. 독서와 글쓰기를 즐겼던 선배인지라 책에 대한 애정만큼은 못 버린 듯하다. 책상 바로 옆으로 명함수첩이 세 권이나 눈에 띤다. 가끔씩 명함을 보면서 마음으로나마 그 시절 그 사람들을 만난다고 한다. 시기별로 잘 정돈된 명함에 간혹 메모도 눈에 띈다. 돌아가신 분들의 명함이란다. 선배의 정성이 묻어나는 인생친구들의 명함앨범이다. 이제 나이가 든 지금에 우리들은 각자의 건강한 얼굴이 명함이다.

우리 모두가 박수와 환호로 선배 부부에게 러브 샷 건배를 요청하자, 준비하고 기다렸다는 듯 흔쾌히 일어서서 응해주었다.

건배를 하는 두 사람의 얼굴에 황혼과 신혼이 겹치는 중후하고도 밝은 모습에서 우리는 선배의 행복한 노후의 삶을 짐작할 수 있었다.

거실 정면에 걸린 손주들과 함께 찍은 대형 가족사진을 보니, 지금 온 가족들과도 함께 있는 듯 생동감이 넘친다.

새 아파트에서 무심천과 우암산을 바라보니, 다가오는 봄 풍경이 우리 집에서 보던 것과는 또 다른 정경이다.

오늘 선배 집들이 부러움에 옛날이 생각난다. 내가 전세로 조그만 아파트로 처음 이사 가던 날이다.

40년 전 결혼 후 1년여 부모님과 함께 단독주택에 살다가 살림을 났다. 대문을 나서는 이삿짐을 현관에서 바라보시던 어머니가 외아들과의 헤어짐이 서운해서인지 말없이 눈물을 훔치시던 모습이 눈에 선하다. 그때 어머니는 53살이셨는데, 지금에 어머니는 92세로 안타깝게도 그때를 전혀 기억하지 못한다. 그래도 아들인 나를 기억해 주는 것만으로도 감사하고 고맙다.

지금의 나 역시도 한 집에서 25년째 살고 있다. 이 집에서 두 아이를 키웠고 결혼도 시켰으며 황혼을 맞고 있다.

지금은 아이들이 없지만, 아직도 아이들과의 정이 짙게 많이 남아 있어, 이사를 가고 싶은 마음이 없다. 어쩌면 아내 역시도 나와 같은 마음인지도 모른다.

이제는 나도 지금 사는 집에 더 이상의 미련이나 부질없는 애착을 버리고 새로 지은 조그만 아파트로 이사를 해서 황혼맞이 준비를 해야 할 것 같다.

아마도 오늘 선배의 집들이에 모인 모두는 선배를 부러워하며, 각자가 소박하고 행복한 황혼의 신혼 꿈을 한가득 안고 돌아갔을 것이다.

황혼을 신혼처럼 보내는 선배의 행복한 황혼의 봄바람이 우리들까지도 포근하게 해준다.

4 / /

인생의 골든타임

죽음 앞에서/ 눈물의 생일선물/ 새 식구를 맞이하며
아들에게 보낸 100통의 편지/ 장수 사진/ 장수長壽유감
사후부고死後訃告/ 세월인연
농부아내/ 인생의 골든타임

## 죽음 앞에서

　우연한 기회에 짧은 시간이지만, 의미 있는 웰 다잉 체험교육을 받았다. 그동안 내가 살아오면서 못 보고 무관심했던 삶의 소중함에 대한 좋은 깨달음과 반성의 기회였다.
　체험장 실내로 들어서니 천장은 높고 마루바닥이다. 벽과 천장은 흰색으로 심적인 위압감과 숙연함이 바로 인생 끝방 호스피스 방이다. 시간이 지나면서 실내는 불안의 공포와 싸늘한 두려움이 엄습한다. 검은 커튼 사이로 드리워지는 움직이는 내 그림자에 내가 놀랜다. 조그만 유리창 밖으로는 늦가을과 초겨울의 계절 틈새에서 구룡산 단풍들은 나를 위로하려는 듯 고개 숙여 살짝 쳐다보고 간다.
　고요함에 어둠과 공포 그리고 벽에 걸린 커다란 벽시계 소리와 겁먹은 깊은 숨소리만이 크게 들린다. 삶과 죽음의 경계선에서 죽음을 만나기 위해 잠시 대기하는 마음의 준비와 자기 참회의 시간이다.

초 단위로 굵게 똑딱이는 벽시계 소리의 울림은 내 생의 마지막을 재촉하듯 더없이 두렵고 깊은 전율을 느낀다. 어둠속에서 내 육신과 영혼을 분리하기 위한 자기최면을 한다.

지금까지의 내 삶에 있어 나는 어떤 사람이고, 또한 어떻게 살아왔는가에 대한 평가를 받기 위한 자기 관조觀照와 정화淨化의 시간이다.

이제 정신의 옷을 갈아입고, 세상을 떠나기 전 마지막으로 세 통의 편지를 쓴다.

첫째는 사랑하는 가족이요, 둘째는 그동안 살아오면서 잊지 못할 은인이며, 셋째로는 내가 용서를 받아야 하거나, 아니면 용서를 해주어야 할 사람에게 쓰는 편지이다. 죽음 앞에서 지금까지의 내 삶에 대한 마지막 인생 정산精算이다.

편지를 쓰는 동안 함께한 대부분의 체험 교육생들이 조용히 눈물을 흘린다. 그런데 당진에서 왔다는 40대 후반의 여자분은 깊은 감정을 주체하지 못하고, 소리내어 흐느낀다. 그분은 죽음을 체험하러 온 것이 아니라, 정말로 죽음을 준비하러 온 거란다. 중등교사인데 이미 암 투병중으로 시한부 삶을 살고 있다니, 슬픔으로 몸과 마음을 가눌 수가 없을 것이다. 모두들 지금까지의 자기 삶에 대한 마지막 정리이다 보니, 많은 감정이 한꺼번에 뒤엉키고 북받친다.

4. 인생의 골든타임

나 역시도 돌아보니, 그동안의 내 삶에 너무도 소홀했고 많이 부족했다.

삶에 대한 애착은 죽음에 대한 공포에 비례하며, 이는 모든 생물生物의 욕심이 아닌 본능이라고 한다.

가치 있고 품위 있는 죽음을 맞이하려면, 먼저 올바른 삶을 살아야 한다. 죽음도 삶의 또 다른 연장이기에 지금의 삶을 소중히 하고, 당당해야 한다.

결국 웰 다잉은 웰 라이프가 결정하는 것이다. 그래서 요즘은 죽음을 미리 준비해 가는 시대이다. 나는 오늘 비록 가상假想의 체험이라지만, 내 죽음 앞에서 가장 소중한 본래의 나와 미래의 또 다른 나를 찾았다.

이제 마지막으로 입관入棺의 시간이다. 삼베 수의壽衣를 입고 각자 자기가 들어갈 관棺앞에 섰다. 지금 이 순간 시간의 울림소리가 너무도 크다. 갑자기 사형수가 생각난다. 이승과 저승의 경계를 넘어 내 발로 관에 들어가 누우니, 폐쇄성 공포감이 가슴을 짓누른다. 드디어 관 뚜껑이 닫히고, 헛 망치 소리의 울림이 천둥 같다. 관속에서의 1분의 시간은 살아온 60여 년과 살아갈 20여 년을 함께 저울질한다. 관 뚜껑이 열리면서 맞이하는 빛은 또 다른 나의 탄생이며 새 세상이다.

모두들 눈가가 촉촉하다. 자신의 삶에 대한 아쉬움과 반성 그리고 참회懺悔와 앞으로의 삶에 대한 새로운 각오의 흔적이다.

참으로 다행이다. 나는 오늘 짧지만, 죽음 앞에서 새롭게 다시 태어났다. 지금까지의 삶이 아쉽다지만, 억울해하지는 말자. 이제는 남은 소중한 삶을 결코 허비하지 않고, 감사한 마음으로 알뜰하고 세심하게 성찰해가며 살아가야겠다.

## 눈물의 생일선물

글쎄다. 모두들 나이가 들어 집에서 할 일이 없는 건지, 아니면 저녁밥을 하기 싫거나, 또는 너무 집 밥만 먹으니 식상들 한 건지? 저녁에 중학교 동창 부부모임 번팅이다. 10팀중 8팀이나 참석을 했다. 번팅치고는 참석률이 매우 우수하다. 그것도 부부가 함께 말이다. 백수白手들의 특성이 아닌가 싶다.

저녁 식사 후 마나님들의 요청으로 커피숍에서 1시간여를 보냈다.

우리 친구들은 참 착하다. 지루한데도 그만 가자고 자기 부인한테 먼저 말을 건네는 사람이 없다. 아니 하질 못하는 것 같다. 휴대폰이 없었다면 어땠을까 싶다.

모두가 나이는 먹고, 힘없는 티가 난다. 지난날 우리들의 젊은시절 모습에 견주니 속으로 헛웃음뿐이다. 그래 세월의 덕이다.

집까지 걸어서 30분 정도인지라 아내와 둘이 걷는다. 무심천 둔치 산책로가 생각보다 좋다. 내 키보다도 더 큰 아직은 푸른 갈대가 포근하고 정겹고 멋있다. 갈대숲 사이 잔바람이 간지럽다.

말없이 걸어가던 아내가 갑자기 불만 투정이다. 묻기도 전에 답한다.

여자들 모두가 자기 손주 얘기만 하더란다. 두 명 말고는 여섯 친구들이 손주가 있으니, 그도 그럴 만하고 당연한 일임에도 좁은 소견에 시샘의 화가 나고 불편했나 보다. 이해한다.

딸아이가 시집간 지 4년이 지났으니, 투정의 당연함에 탓을 하지는 못하겠다. 나 역시도 지난해부터 걱정이 4년의 세월 무게보다도 더 무거웠으니 말이다. 혼자 떠드는 아내와는 남인 듯 나 혼자 앞서 간다. 옛날에 내가 보았던 전형적인 시골 노인 부부들의 나들이 모습이다. 분명 풍경은 영화속 한 장면이건만. 아파트 정문옆 편의점에서 젊은 애 엄마가 아기 손을 잡고 막 나온다.

애 엄마가 우리딸아이 또래인 듯해 보이니, 더 부럽고 귀엽고 보기가 좋다. 또 돌아보려는 순간 아내의 눈치가 거슬린다.

집 앞에 다다르니, 딸아이한테서 전화가 왔다. 지금의 내 심정을 말하고 싶었지만, 아니다. 딸아이는 오죽하랴 싶다.

5월 27일(2019년)에 딸아이가 저녁을 하자고 한다. 그날이 음력 4월 23일이니 내 생일이다. 식당은 자기가 정할 테니 밥값은 나더러 내란다.

그날 구순이 다 되신 어머님도 모시고, 추어탕집에서 저녁 식사를 했다.

딸아이 표정이 시무룩하고 무거워 보인다. 겁부터 앞서고 마치 내가 죄인으로 딸아이의 심판을 받는 기분이다. 딸이 나를 부르는 소리가 천둥처럼 울린다.

'아빠, 지난주에 복대동 M 산부인과에서 임신확인을 받았어요. 그것도 쌍둥이래요. 순간 0.1초의 시간 차도 없이 모두가 동시에 '뭐.' 한다.

순간의 기쁨에 눈물이 핑 돌며, 한편으로는 걱정도 마주한다. 저 체구에 쌍둥이라니. 아니다. 그것은 내 욕심일 뿐, 신의 영역이고 축복이다. 감사하고 또 감사하며, 무조건 감사할 뿐이다. 할머니가 손녀 딸아이를 살포시 안아주신다. 금방 딸에 대한 대우가 달라진다. 너무 기쁘다. 어려서부터 몸이 약해 항상 식구들의 애간장을 많이도 태웠는데, 그저 고맙고 장하다.

아, 그래 이제 나도 딸아이 결혼 5년만에 드디어 아버지에서 할아버지가 되는구나. 그것도 쌍둥이라니 그저 기쁘고 또 기쁘다 정말….

요즘 매일매일 딸과 아침에 카톡으로 노크하고, 오후에는 전화 통화를 한다. 아니 이제는 딸보다는 외손주들과의 대화인 것이다.

예전부터 나이 들어 하는 주책과 자랑은 구분이 없으며, 허물이나 흉도 아니라고들 한다. 나이 들면 애가 된다더니, 내가 요즘 천진난만, 천방지축, 좌충우돌이다.

젊어서도 하지 못한 일인데, 7월 13일에는 1,915미터인 지리산 천왕봉을 등정했다. 지리산 1,400미터에 위치한 법계사에 들러 감사와 축복의 기도를 드리고 천왕봉으로 향했다. 정말 힘든 한발 한 발이지만, 감사와 고마움과 축복에 취하다 보니, 지리산 정상 천왕봉이 나를 젊게 안아준다. 미래 할아버지의 의지와 용기로 지리산을 정복한 것이다.

오늘 아침 출근길에 아파트 주차장에서 임산부를 만났다. 자꾸 쳐다보며 모두가 궁금하다. 말을 건네보고도 싶은데, 혼자 머릿속에서만 망설인다. 산모가 몇 살일까? 첫애인지? 지금 몇 개월이나 된 건지? 화장끼 없는 얼굴이 무척 청초하며 예쁘다. 아니 갓난아이 얼굴이다.

어느덧 나는 나의 모든 생활이 임산부로 통하는 일상의 생활 산모가 되어 버렸다.

그래, 약 3개월 후 내가 할아버지가 되는 그날까지는 지금에 딸아이 아버지로서의 사랑과 예비 할아버지로서의 준비에 최선을 다하자. 쌍둥이라니 어쩌면 모든 것을 두 배로 노력을 해야만 할 것 같구나. 그렇다면, 지난여름 그렇게나 힘들게 다녀왔던, 지리산 천왕봉을 한번 더 갔다 와야만 하는 건 아닌지 모르겠다.

## 새 식구를 맞이하며

 오늘 아침 이른 새벽 아내와 아들과 함께 아버님 산소에 다녀왔다. 두 달만인데도 산소에 오르는 산 능선 외길이 잡초로 무성하다.
 칡넝쿨과 웃자란 망초대 등이 잡초와 뒤엉켜 아주 높은 풀 담장을 만들었다. 역시 6월의 잡초는 무성하고 질기며 강하다.
 지난 3월에 예정이었던 아들의 결혼식을, 코로나로 인해 연기하여 오늘 치르게 되니, 집안도 마음도 부산하다.
 이에 11년 전에 돌아가신 아버님께 '오늘 손주가 장가를 갑니다'라고 인사를 드리러 간 것이다. 하늘나라에서도 무척이나 기뻐하실 것이다.
 오늘 결혼식은 간소하고 소박하며 주례없는 작은 결혼식으로 신부 아버지가 성혼 선언문을, 신랑 아버지인 내가 혼주사婚主辭겸 덕담을 하기로 했다.
 여전히 코로나의 불안속에 어렵고 불편하며, 모두가 조심스러운 시기임에도 생각보다 많은 양가의 하객들이 참석을 하였다.

신랑 친구들의 축포와 함성으로 예식이 시작되었다.

신랑과 신부가 하객들의 환호와 박수, 움직이는 현란한 조명과 함께, 웨딩마치가 아닌 경쾌한 음악에 맞춰 율동스텝으로 입장을 한다. 마치 축제에서의 결혼공연인 듯하다.

사회자가 '다음은 신랑 아버님의 축사와 덕담이 있겠습니다.'라고 하자 조명이 나를 안내한다.

연단演壇 위에서 나와 신랑과 신부는 먼저 많은 어려움속에서도 흔쾌히 참석을 해 주신 하객분들께 진심으로 감사와 고마움의 합동 인사를 드렸다.

그리고 오늘 새로운 인생을 출발하는 신랑과 신부에게 아버지이자, 인생의 선배로서 당연하고도 평범한 몇 가지를 부탁한다.

남녀가 부부가 된다는 것은 인연과 우연이 얼마나 많이 겹쳐야만 가능한 건지 기적중의 기적이라고 한다. 불가에서는 팔천 겁이 되어야 부부의 인연이 맺어진다고 한다. 1겁이란 사방이 15㎞가 되는 반석盤石을 100년에 한번씩 흰 천으로 닦아 그 돌이 없어지는 시간을 말하는 것이니 실로 상상을 초월한 엄청난 세월이다.

여기 두 사람의 만남과 결혼에도 이러한 대단한 인연이 있었음에 살아가면서 부부인연의 소중함을 결코 잊지 말도록 해라.

어느 시인은 말했다. "사람이 온다는 건 실은 어마어마한 일이다. 그는 그의 과거와 현재와 그리고 그의 미래가 함께 오기 때문이다."

라고 했다.

  그런데 결혼은 두 사람 외에 양가의 부모와 그 집안의 내력까지도 함께 오는 것이니, 이 얼마나 엄청난 일이 아니겠는가?

  아들아, 며늘아기야!

  그래 너희 둘이 지금까지는 젊고 아름다운 사랑, 달콤한 사랑. 무조건적인 사랑을 해왔다면, 이제부터는 미운사랑과 고달픈 현실사랑 가끔은 피곤한 민낯사랑을 더 많이 해야만 행복하단다.

  살아가면서 연애사랑과 결혼사랑이 서로 다름에 실망하지 말며, 결코 사랑만이 결혼의 만병통치가 아님을 빨리 터득하거라.

  결혼은 연애의 끝이 아니라, 평생을 함께 같이하는 또 다른 연애의 시작이다.

  프랑스 소설가 앙드레 모루와는 '행복한 결혼이란 결혼해서 죽을 때까지 결코 지루하지 않는 긴 대화를 하는 것'이라고 했다.

  그렇다. 항상 소통하고 배려와 인내로 함께 서로를 다듬어 준다면, 너희들의 인생에서 언제나 오늘 같은 행복한 주인공으로 살아갈 수가 있단다.

  그리고 흔히 부부는 일심동체라고 하는데, 아니다. 부부는 분명 이심이체란다. 서로가 자라온 환경과 성격과 사고방식 등 둘이 서로의 다름을 빨리 인정하고, 그 다름을 존중하고 배려하면서 함께 맞추어 간다면, 자연스레 일심동체의 부부가 되어가는 거란다.

  아들아!

33년전 네가 우리 집안에 태어나 가족 모두에게 크나큰 기쁨을 안겨준 것이 엊그제 같구나. 그래 너도 기억할 것이다. 너는 어린시절 엄마 아빠보다도 유독 할아버지와 할머니의 진한 손주 사랑을, 그리고 고모들의 유별나고 특별한 조카 사랑을 참 많이 받았지.

  돌아보니 잊지 못할 아름답고 즐거운 추억들이 참 많구나.

  어린시절 목욕탕에서 고사리 같은 손으로 내 등을 밀어주다 미끄러져 모두가 놀랐던 일, 초등학교 3학년 때 운동회 달리기에서 응원을 하시던 할아버지를 힐끔 쳐다보다 넘어졌는데도 울면서 끝까지 뛰어 꼴찌이면서도 1등 같은 박수를 받았던 그때의 그 모습, 군입대 후 한 달 즈음에 네 방을 청소하다가 울컥한 마음에 갑자기 네가 보고 싶어 진주 공군교육사령부까지 700리길을 달려가, 부대정문 앞에서만 맴돌다 돌아왔던 기억도….

  그리고 그 어려웠던 공무원시험에 합격하여 그날 밤을 온 가족이 벅찬 기쁨에 뜬눈으로 함께 지새웠던 즐거운 추억 등 모두가 금쪽같이 소중하고도 생생한 많은 추억들을 이제 오늘 너희들 결혼선물로 새 식구인 며늘아기에게 넘겨 주고자 한다.

  아들아 며늘아가야, 너희들의 오늘 이 결혼이야말로 양가兩家의 자랑이며, 최고의 효도란다.

  두 분 사돈께도 깊은 감사를 드립니다.

  대대로 엄격한 유교적 공직자 집안에서 어려서부터 남다른 가정교육으로 반듯하고 훌륭하게 키운 외동딸이 이제는 사랑하는 제 짝을 찾아 품속을 떠나려 하니 얼마나 서운하신지요?

　티 없이 밝고 따뜻한 성격으로 예의 바르고, 언제나 미소를 앞세운 상냥함과 능력을 인정받는 직장인으로서 모두가 칭찬하는 신부이기에, 더없이 고맙고 든든합니다.

　며늘아가야, 네게도 정말 고맙구나.

　많이 부족하고 여전히 어린애 같기만 한 아들인데, 너를 만난 이후 많이 달라지고 어른스러워짐에 다행이고, 얼마나 기쁜지 모르겠구나.

　아들은 이미 함께 공무원시험 준비를 할 때부터, 가끔씩 너에 대해 지나가는 남의 얘기하듯 하면서, 속으로는 사랑의 저축을 해 온건지 종종 네 자랑을 많이 했단다.

　속 깊은 배려와 이해심으로 친구와 선후배들로부터 신망과 사랑을 많이 받고 매사 열정적이면서도 정 많고 부드러운 성품의 여자라고 칭찬을 하더니, 결국 두 사람은 오늘 신랑과 신부로서 양가兩家에 경사스러운 이 자리를 만들어 주었구나. 정말 기쁘고도 자랑스러우며 행복하구나.

　이제 양가兩家는 이 두 아이들이 맺어준 소중한 사돈의 인연으로 한 가족이 되었음에 항상 친구 같이 친한 사돈, 사돈 같지 않은 이웃 같은 사돈으로서 두 아이들의 버팀목이 되어 줍시다.

　신랑신부 두 아이들에게 가벼이 축하 포옹을 하고는 연단을 내려온다.

덕담을 하는 5분 정도의 시간이 그동안 너와 함께해 온 33년의 세월 같구나. 가까운 추억이 또 생각난다.

네가 발령을 받아 첫 출근하던 그날의 벅찬 설레임과 기쁨에 얼마나 행복했던지, 지금도 생각하면 할수록, 새로이 즐겁고 웃음이 절로 난다.

함께 집을 나서며 엘리베이터 안에서 네 옷매무새를 만져주면서 함께 웃던 그 모습이 지금도 생생하다.

함께 살 때는 몰랐던 너 없는 허전함과 외로움을 이제는 어찌할지, 벌써부터 걱정이다.

혼주婚主의 덕담이 괜스레 쓸데없는 나만의 넋두리나 잔소리는 아니었는지? 그냥 간단히 한마디로 '이제는 너희 둘만의 인생을 함께 멋있게 가꾸어 가면서, 너희들 멋대로 멋지게 살아라' 하면 될 것을 말이다.

## 아들에게 보낸 100통의 편지

어느덧 13년의 세월이 흘렀다.

2008년 12월 28일 21살의 아들이 공군에 입대하던 날이다.

한 겨울이라지만, 날씨는 그리 춥지 않았는데, 우리 집안의 분위기와 가족들의 심경心境은 무척이나 썰렁하고 쌀쌀했다.

공군교육사령부가 있는 진주(문산면)까지 가는 동안, 차 안에서 우리 네 식구는 서로가 입대하는 아들의 눈치를 살피며, 각자의 아쉬움만 가득 찬 마음속 이별 준비를 하다 보니 600여 리 먼 길임에도 일찍 부대에 도착했다.

부대 연병장에서의 입대행사는 환송가족 모두가 마치 군인처럼 교관의 지시에 절도節度있고 말없이 잘 따르지만, 행동과 마음은 무겁고 숙연하다.

장병들은 삭발한 머리가 어색한 듯 두 손으로 연신 머리를 쓰다듬으며, 부모와 고향을 향해 마지막 큰절을 하고는 우렁찬 목소리로 "잘 다녀오겠습니다." 한다.

 잠시 후 썰물처럼 휩쓸려가는 대열속의 아들은 점점 멀어지더니, 이내 보이지 않는다.

 허공으로 두 손을 크게 흔드는 사람, 간절히 합장 기도하는 사람, 멍하니 멀어지는 대열만 바라만 보는 사람 등 가족들의 입대 이별의 모습도 표정도 모두가 다양하다.

 아들들이 보이지 않자 대부분의 가족들은 서로가 서로를 위로하며 허망한 듯 돌아서는 모습에서, 가족의 진한 사랑과 예나 지금이나 아들과의 입대이별의 고통은 여전히 변함이 없음을 동시에 실감했다.

 청주로 되돌아오는 길은 참으로 멀고도 지루하기만 했다.

 며칠 후 입대시 입고 갔던 옷이 소포로 배달되었다. 바지주머니 속의 구겨진 종이쪽지에 "잘 있어. 걱정 말고 사랑해."라는 다급하게 쓴 듯한 아들의 10자 한줄 메모가 가슴을 쓸어내린다. 메모라지만, '사랑해'라는 말에 헤어진 지 1주가 1년이 넘은 듯 보고 싶다.

 아버지로서 군에 간 아들에게 아버지의 정과 간절함이 담긴 첫 번째 편지를 쓴다.

 나는 아들에게 네가 제대할 때까지, 24개월 보름 동안 매주 한 통씩 100통의 편지를 쓰겠다고 약속하였다. 매주마다 일어나는 우리 집안 일상의 소소한 일들을 생생하게 써서 아들이 항상 가족과 함께 있다는 생각으로 군 생활동안 위안과 용기를 갖고, 가족의 그리움을 조금이라도 달랠 수 있도록 해주고 싶었다.

그 후 나는 약속대로 아들이 제대하던 2011년 1월까지 꼭 100통의 편지를 보냈다.

그리고는 제대하는 날 기념으로 그 100통의 편지를 소책자로 만들어 아들에게 제대선물로 주면서 부탁했다. "아들아 잘 간직하였다가 나중에 너도 네 아들이 군에 가게 되면, 지금에 이런 추억과 함께 이 편지를 보여주고, 너도 아빠처럼 그렇게 해주기를 바란다."고 하였고 그리고 "네가 살아가면서 혹여 아빠한테 서운함이 있을 때면 한번 씩 읽어 보렴." 하였다. 나는 아들의 두 손을 꼭 잡고 함께 웃으면서 그동안 수고 했고, 장하다고 했다. 몸과 마음이 듬직하고 늠름했던 그때의 아들 제대 모습이 어제같이 생생하다.

오늘은 오랜 가뭄 끝에 6월의 반가운 단비가 온다. 아침 조간신문에서 '답장 없는 편지, 30년째 부치는 부정父情'이라는 기사가 크게 눈에 들어온다.

경북 경산시에 사는 전태웅(72세) 씨가 30년째 매달 2~3통씩 답장이 오지 않는 손 편지를 쓴단다. 받는 사람은 그의 아들 고故 전새한 이병이다

그의 아들은 1991년 20살에 군에 입대를 했지만, 6개월 만에 부대에서 사고로 순직, 현재 대전 현충원에 안장돼 있다. 그 후 전씨는 아들이 여전히 군에 복무중이라는 생각으로 고故 '전새한 이병 앞'이

라고 적은 편지를 지금까지 대전 현충원으로 보내 왔단다.

2012년부터는 대전 현충원에도 누구나 하늘에 계신 호국영령들에게 편지를 보낼 수 있는 '하늘나라 우체통'이 만들어졌다니, 호국영령들과 보훈가족들에게는 참으로 기쁜 일이다.

그는 30년이 지난 지금까지 아들에게 900여 통의 편지를 보냈단다. 아버지로서 자식을 가슴에 묻은 단장지애斷腸之哀의 그의 애절한 아들사랑은 그 많은 세월도 어찌하지를 못했다. 조국을 위해 먼저 가 현충원에 잠든 우리 아들딸들의 구구절절한 사연이 어디 전태웅 씨뿐만 이겠는가?

6월은 '호국보훈의 달'이다. 많은 사람들의 아픔을 품은 달이기에 마음이 더 아려온다. 덕분에 가족의 소중함을 다시 생각해 본다.

지금에서 돌아보니 비록 편지였지만, 아들이 군복무시절 아들과의 진솔하고 정감있는 대화를 가장 많이 했고 즐거웠던 것 같다. 흔히 대부분의 아들들은 군 생활을 하는 동안은 일생에 있어서 최고의 효자가 된다고들 한다. 그리고 제대를 하면서 그 깊은 군대효심도 함께 제대를 한다고 한다.

이제 30대 중반인 된 아들은 공직생활을 하고 있으며, 결혼도 하여 내게는 손자를 안겨 주었다. 요즘은 가장으로서 사회인으로서 성실하게 자기 생활에 최선을 다하고 있음이 바로 효라고 생각한다. 가끔은 아들내외가 세태변화를 핑계 삼아 무관심하고 소원한 듯 함에 서운할 때도 있지만, 그래도 아버지로서 아들에게 고맙고 감사하다. 지금에 나의 이 행복이 군 생활 때 받은 아들의 반짝 효심보다 더 큰 효라고 생각한다. 아들은 여전히 내가 준 100통의 편지를 잘 간직하고 있다.

나는 훗날 손자가 군에 가게 되면, 그때는 아버지가 아닌 할아버지로서 아들에게 했던 것보다 더 정겹고 사랑스러운 편지를 손자에게 더 많이 쓸 것이다. 생각해 보니 먼 세월의 아득한 일이다.

6월이기에 다시 한번 호국영령들의 명복을 빌며, 지금 이 순간에도 군에서 복무 중인 우리의 아들딸들이 무사건승無事健勝하기를 부모의 심정으로 기원한다.

# 장수 사진

올여름의 혹독한 늦더위도 이제는 아침저녁으로 서늘해진 가을바람 앞에 고개를 숙인다.

오늘은 지난해에 이어 독거노인들에게 장수 사진을 찍어주는 날이다.

사전에 약속한 할머니가 사는 아파트에 들어서니 기다란 담장 아래로 마른 낙엽들이 바람에 날려 한쪽 모퉁이에서 서로 엉켜 뒹군다.

노인들이 많이 사는 복도식 아파트라서인지 한눈에 보아도 현관 앞에는 보행보조기와 지팡이들이 의외로 많이 눈에 띈다.

사회복지사의 안내로 초인종을 누르니 한참 만에 문이 열린다.

집안에서도 지팡이에 의지한 할머니는 오랫동안 친숙하고 익숙해진 탓인지, 우리보다는 사회복지사를 더 반긴다. 사회복지사 또

한 할머니에게 가족처럼 '어머니, 어머니' 하며 스스럼없이 살갑게 대한다.

방과 거실과 주방이 하나인 10평 남짓한 독신자 전용 아파트이다. 거실은 사람이 있는데도 냉기와 어둠으로 썰렁하고 낯설다.

가까이서 보는 할머니의 얼굴은 굳게 다문 입술 탓에 더 어둡다.

우리는 굵고 깊은 주름에 무표정한 할머니의 두 손을 잡는 것으로 인사를 대신하였다. 해가 짧아서인지 방안이 어둠침침하다.

창문의 커튼을 열어젖히니 조명같은 석양 햇살에 거실이 밝다. 할머니는 귤을 내놓으시며 "아무런 모습을 남기고 싶지 않은데 무슨 사진을 찍는다고 그래." 하시며 그제야 우리들 모두를 천천히 둘러본다.

북쪽 유리창 너머로 사천동 성당의 붉은 건물과 성모마리아상 그리고 높이 솟은 십자가가 마치 액자속 가을 풍경으로 할머니를 위로해 주는 것 같다.

식탁 유리 밑에 노란 은행잎 3장이 창 넘어온 햇살에 더욱더 노랗게 빛난다. 지난주에 할머니 머리를 깎으러 봉사를 온 여학생들이 가을 선물이라며 갖다 놓았다고 한다.

할머니는 매일매일의 삶이 고단하시단다. 불편한 혼자의 몸으로 할머니는 사회복지사와 시간제 요양보호사 그리고 간간이 찾아주는 봉사자들의 도움으로 하루하루를 보낸단다.

삶에 대한 기대나 기다림도 희망이나 설레임이 없는 오직 남은 삶을 하루하루 버티듯이 살아가고 있단다. 텔레비전 옆에 있는 많은 약봉지들과 가지런히 쌓여있는 기저귀가 할머니의 생활을 말해주는 듯하다.

집안에는 빛바랜 흑백사진 한 장이 없다. 할머니는 가족이나 옛날을 묻지 말라고 하신다. 오는 사람마다 묻는 바람에 오래전 자신의 모든 것을 다 묻어둔 채 잊고 사신단다.

우리는 먼저 집안청소를 하고 할머니의 손톱과 발톱도 깎아 드리고, 귀지까지 파드리니 처음 뵈올 때와는 다소 온화하고 인자한 옅은 미소를 보이신다. 그래도 할머니의 숨겨진 본래의 모습과는 아직도 먼 듯하다

우리가 준비해간 예쁜 한복을 차려입고 머리와 화장으로 곱게 단장을 하고는 카메라와 마주했음에도 할머니는 여전히 무표정 그대로이다.

내가 죽은 후, 내 장수 사진을 볼 사람이 없다고 하시며 잠시 눈을 감으신다. 아마도 옛날의 힘들고 아픈 과거의 말 못할 사연을 떠올리는 듯 하다. 그래서인지, 자신의 아무런 모습도 남기고 싶지 않다고 하시는가보다.

"할머니 활짝 웃어보세요." 했더니 웃음을 모른다고 하시면서도 한번은 예쁘게 웃어준다.

할머니는 지금의 모습 그대로를 찍어 달라고 하신다. 잠시의 침묵이 있은 후 우리는 할머니의 장수 사진을 잘 찍었다.

할머니에게 이제 곧 겨울이고 올해도 얼마 남지 않았다고 하자, 할머니는 "그래 어느덧 세월이 벌써, 이제는 나도 살날이 얼마 남지 않았지." 하시며 담담하고 편안하게 대답을 하신다.

사회복지사가 할머니는 복잡하고 힘든 가정사로 거의 평생을 어렵게 혼자 살아오셨다고 하는 말에 우리는 그저 숙연해질 뿐이다.

할머니는 늦가을 끝단풍이 더 곱고 예쁘다고 하신다. 그래서 우리는 지금에 할머니가 바로 늦가을의 아름다운 단풍 같다고 하자 "아이고 자네들이 더 예쁘지." 하며 가려는 우리들에게 기대하던 큰 웃음을 선사한다.

"할머니 다음에 오늘 찍은 장수 사진을 갖고 다시 찾아뵐게요" 하며 작별인사를 하는 우리들에게 밝은 표정으로 지팡이를 든 손을 흔들며 배웅을 한다. 그래도 우리들이 보기에는 할머니는 아직도 활짝 핀 인생 꽃이다.

# 장수長壽유감

12월이다. 심리적으로 무척 바쁘면서도 들뜬 마지막 달이다. 마감과 정리, 새로운 준비와 계획으로 분주한 달이기도 하다.

물론 세월에 민감한 사람들은 그저 우울하고 서글픈 달이다. 특별히 겨울 날씨는 노인건강에 세심한 관심이 필요하다.

이달부터 어머니가 국민건강보험의 노인장기요양보험의 4등급 판정을 받아 일정시간 요양보호사의 재가 간병을 받게 되었다. 이제 87세이고 홀로 되신 지 만 10년째이다. 그래도 건강하다고 생각했는데, 아무리 장수시대라고는 하지만 역시 세월과 병마病魔를 어찌하랴. 고령이 곧 장애인지라 신체적 불편도 문제지만, 나이에 비례한 건강불안과 정서적 고독감의 정신장애가 더 큰 문제이다.

우리나라는 이미 고령화 국가이며 곧 초고령사회를 눈앞에 둔 일본 다음의 세계 최장수 대국이다.

문제는 초고령화의 진행속도가 장수에 대비할 시간보다도 빠르게 진행되고 있다는 것이다.

장수시대를 맞아 우리의 가장 큰 화두는 노후건강과 복지이며 특히 치매와 요양원에 대한 것들이다.

노인들의 한두 가지 병은 보통이다. 고령화로 인한 노인병은 노화의 결과이며 자연현상이다. 그래서 웰 다잉을 또 다른 축복으로 갈망하는 것이다.

장수는 누구나가 바라고 원하는 축복받는 일이다.

축복받는 장수에는 몇 가지의 조건 충족이 전제되어야 한다. 노력만으로도 될 수 있는 것이 아니기에, 무조건 장수가 좋다고 만은 할 수가 없다.

얼마전 종편방송에서 99세 친정어머니와 80세의 딸이 같이 늙어가는 모습을 보여 주었다. 노화는 부모자식을 구분하지 않는다. 늙음은 동등하고 차별이 없다. 그래서 장수시대를 곧 부모와 자식의 동반노인시대이며, 장수독거시대라고도 한다.

진정 우리가 바라는 축복의 장수시대를 위해서는 첫째, 장수는 무병장수이어야 한다. 유병장수는 본인불행, 가족불행, 사회적불행이다. 간병과 보호로 인한 가족갈등, 경제적 문제, 가족단절의 문제 등으로 결국 부모의 유병장수가 자칫 부모 자식간 대립과 불화로 가정파괴의 심각성까지도 초래한다. 얼마전 요양원 봉사에서 중증으로 10년이상 계신분들이 의외로 많았음에 놀랍고 각자의 사연마다 매우 안타까웠다.

둘째로는 노노老老부양과 노노老老간 갈등으로 인한 사회문제도 심각하다

부모고령, 자식고령인지라 상호 부양과 병 수발로 생활고와 간병에 지쳐 장수원망의 자살도 늘어난다. 준비되지 못한 장수의 결과로 인한 새로운 장수시대 단면이다. 유병장수가 불효자식을 만들고 있다.

하루하루가 다른 고령자의 건강시간은 젊은세대보다 몇 배나 빠르다. 그래서 고령의 절약과 아낌은 자칫 부질없는 낭비일 수도 있다.

셋째로는 재산상속에 있어 대습代襲상속이나 증여의 기현상이다. 사후 상속이니 자식도 고령임에 상속재산을 자식이 활용치 못함에 바로 손자에게 상속이나 증여하는 새로운 상속 풍습이다.

즉 장수로 인해 자식상속이 아닌 손자상속을 하는 것이다. 아무리 그래도 어찌하랴, 이제는 장수도 마음대로 피할 수가 없으니 나이 들면서 웰 다잉의 축복외에 더 이상 무슨 욕심이 필요하랴.

삶의 작고 소소한 일에 크게 감사하고, 만족해하며 현재를 소중히 하자.

삶의 불안, 두려움, 고통 역시도 삶의 행복을 만들어내는 상대적 필요 충족 요건들이다. 장수시대에 장수가 재앙이 되지 않도록 지금부터라도 각자의 환경과 능력에 맞는 대비와 준비를 철저히 하자.

# 사후부고死後訃告

올여름은 예년에 비해 유난스럽다.

긴 장마와 엄청난 폭우로 인한 수해, 그리고 이어지는 폭염은 분명 이상기후이다. 처서가 지난 8월 말의 바람인데도 후덥지근하다. 갈수록 이상 기후로 환경과 생태계의 변화가 심각하다.

오늘 창원에 사는 친구로부터 편지를 받았다. 얼마 전 폭우로 인한 서로의 안부 전화를 했던 터라, 편지에 대한 의아함과 궁금증에 설레임이 더해진다.

대학과 대학원에서 전자공학을 전공한 그 친구는 졸업 후 대전의 연구소에 다니다가 결혼 후 창원의 방산업체로 이직 정년퇴직을 하였으니, 지금은 경상도 사람이다. 몇 년 전까지만 해도 그 친구의 부모님이 청주에 계실 때는 1년에 서너 번은 만났던 오래된 친구였다.

아버님이 돌아가시고 홀로 계시던 어머님의 건강이 안 좋아 4년

전쯤 창원의 요양병원으로 모신 후로는 그 친구와의 만남도 전화로 대신해 왔다. 전화이지만 갈수록 우리도 수다가 많아지니, 역시 나이가 들었다는 징조다.

그래도 아름다운 옛 추억이기에 나이에 걸 맞는 우리들의 우정으로 옛날 이야기는 해도 해도 그냥 재미있다.

컴퓨터의 펜흘림 글씨체로 간결하게 쓴 편지는 얼마 전 요양원에 계시던 어머님이 돌아가셨고 장례를 치른 지 보름이 지났다며 일부러 장례 후 늦게 알려 준다는 내용의 편지였다. 가족들과 가까운 친인척들이 장례를 잘 모셨다고 한다. 나는 잠시 생각을 해 본다. 서로의 자식 혼사 때나 아버님의 장례 때도 왕래를 했었고, 그 친구와 지금까지 쌓아온 정을 생각한다면 뜻밖이다.

바로 전화를 하니 당연히 전화가 올 줄 알았다는 듯 웃으며 먼저 되묻는다. 편지 받았느냐고.

어머님이 돌아가신 것을 장례 후에 연락을 하게된 것은, 코로나 핑계도 아니고 형제들과 상의해서 가족들만으로 간소한 장례로 잘 모셨단다.

다만, 생전에 어머님과 맺으신 귀한 인연의 사람들에게는 늦게라도 돌아가신 것을 알려드려야 함이 도리이기에 사후死後에 편지를 보낸 것이라며, 다른 오해는 말고 이해를 해 달란다. 어머님이 코로나와 치매로 인해 3년여 동안 요양병원에서 외롭고도 힘든 고생을 하셨음이 너무나 마음이 아프단다.

젊어서 식당을 운영하셨던 어머니는 학창시절 우리 친구들이 가면 둥근 양철 쟁반에 고봉밥을 내어주시며, 모두를 친자식처럼 잘 대해 주셨다. 어머님 칠순 때 그때의 밥값이라며 우리 친구들이 용돈을 드리면서 어머님의 은혜 노래를 합창한 것이 엊그제 같은데, 어느덧 20여 년 전의 일이다.

나는 사후부고死後訃告를 처음 대하는 터라 의아함과 생소하다는 생각과 함께 한편으로는 현실적으로 많은 공감도 갖는다.

지난해 중앙일간지 신문에서 모 제약회사 명예회장의 사후부고死後訃告 5단 광고를 본 기억이 난다. 그간에 고인과의 인연이 있던 모든 분들에게 돌아가셨음을 알린다며, 마음으로 고인을 추모해달라는 광고였다.

이제는 지난 3년여 코로나로 인해 집집마다 지금까지의 애경사 관습이나 제례의식에도 조금씩 간소화의 변화가 일고 있다. 제사와 명절 차례에도 친인척들이 서로 왕래 없이 각자가 자기 제사만 지내는 집안이 많아졌다. 사연이야 어쨌든, 갈수록 우리의 전통과 옛 풍습들이 빠르게 사라져 간다는 또 다른 생각이 든다.

오늘도 비구름에 덮힌 하늘이 무거운데 폭염으로 여전히 무덥다. 오늘 점심은 어머니가 좋아하시는 오이냉국에 국수를 말아 여동생들과 함께 무더위를 달래본다.

냉장고가 없던 어린시절 어머니는 우리들에게 마당의 펌프에서 방금 품어 올린 찬물로 등목을 시키고, 오이냉국이나 가지냉국을 만들어 국수와 찬밥을 말아 먹었다. 부채질로 더위와 싸워가면서 먹었던 그때는 지금보다도 더 시원하고 맛있는 한여름의 별미였다.

어머니에게 창원의 친구 어머니가 돌아가셨고, 사후부고死後訃告로 알게 되었다고 이야기를 하면서 우리도 어머니가 돌아가시면, 어머니를 알거나 기억하는 가까운 분들에게만 장례 후에 연락을 드리면 어떠냐고 말을 건넸다.

어머니는 잠시 생각을 하시더니 "나야 죽었으니, 아무것도 모를 일이다마는 그래도 너희들이 지금껏 해온 것이 있는데."라며 말끝을 흐린다.

나는 오늘 창원의 친구에게 내 마음의 불편함을 덜고자 봉투에 조의금과 함께 옛날의 어머님을 그리며 위로의 편지를 등기로 보냈다. 친구의 사후부고死後訃告에 대한 나의 사후조문死後弔問이다. 왠지 아직은 우리에게 사후부고死後訃告는 많이 낯설다. 친구 어머님의 명복을 빌고, 우리 어머님의 100세 무병장수를 기원한다.

# 세월인연

12월이다. 또다시 세월과 함께 한, 올해의 인연과도 이별을 해야 한다.

산다는 건 수많은 인연 속에서 만남과 이별의 연속이다. 그래서 인연과 이별은 항상 세월과 함께하는 것이다.

세월과의 이별은 언제나 마음과 주변정리가 먼저이다 보니, 미련만큼이나 서운함과 아쉬움으로 항상 12월은 바쁜 달이다.

때가 때 인지라 세월이별과 겹친 지금까지의 인연이별이 못내 많이 아쉽다.

짧은 세월의 인연 이별이 이리도 아쉬운데, 때가 되어 언젠가는 맞게 되는 인생을 마감하는 영원한 이별이야 오죽하랴

반복되고 예정된 이번 세월인연의 이별만큼은 낯설지 않으려니 했건만, 이별은 이별인지라 어쩔 수가 없나 보다.

나이에 기대어 의연하고 아무리 강한 척을 한다 해도 이미 마음은 세월과의 이별 앞에서 많이 약해지고 있다. 또 부질없이 세월 탓, 나이 탓이다.

　살면서 맺은 인연이야, 길든 짧든 좋든 싫든, 지나고 보면 모두가 소중하고 아름다움으로 그립다. 우연이든 필연이든 만남의 인연은 정해져 있고 이별인연 또한 만날 때 정해진다고 하지 않던가? 그 모두는 인생의 테두리 안에서 서로 돌고 도는 것인지라, 인연은 아름다운 추억과 그리운 옛정으로만 그 흔적을 남긴다.

　만남도 헤어짐도 때가 만들어준 시절인연에 맞아야 하고, 가는 인연 오는 인연 모든 인연에는 결코 영원함이 없다.

　생자필멸 회자정리生者必滅 會者定離라고 했던가? 살아있는 모든 것은 반드시 소멸되고 만나는 사람 또한 언젠가는 반드시 이별을 한다는, 그게 바로 자연과 인생의 평범한 순리이고 이치이며 우리의 삶이다.

　우리의 삶은 헤어지는 인연을 더 소중히 해야 한다. 살아가면서 가끔은 돌아보며 후회하지 않는 인연이 되도록, 헤어질 때의 인연을 악연으로 만들지는 말자.

　인연과의 헤어짐을 앞둔 터라 지금까지 나와 함께 해온 모든 인연이 더없이 소중하다. 소소했던 인연과 후회되는 인연까지도 자꾸만 생각나고 돌아본다. 그래서 12월이다.

　어느덧 칠십 고개인데도 막상 약속된 이별 앞에 서고 보니 이별은 세월과 나이와는 아무런 상관이 없나 보다. 이제는 나의 소중한 인연의 끈을 놓고 진정한 나를 찾는 마음에 방생을 떠나고 싶다. 흔들리지 않고 내 남은 인생을 위한 더 이상의 이별이 없는 평온한 방생의 길을….

이별 준비에 마음이 바쁜데 초겨울 비가 추적추적 제법 온다. 비에 젖어 밟히는 빛바랜 낙엽들이 초겨울 탓인지 이제는 조금 흉물스럽다.

12월의 세월이별 앞에서 누군가의 글이 생각난다.

'변하는 것은 아무것도 없다. 그냥 세월만 가는 것일 뿐, 모든 인연의 이별에 그래도 조그만 정은 남겨두자. 어쩌면 혹시나 모를 훗날의 실낱같은 또 다른 인연을 생각하자.'

부질없는 일인데도 세월과 함께해 온 인연의 이별 앞에서 미련이고 또 욕심이다.

이제 내 얼굴에도 세월의 흔적이 역력해져 가고 있다. 더 이상의 망설임은 부질없는 인연의 욕심만 키워 악연이 되지나 않을지 두렵다.

이번 인연이별에서는 잃은 것도 얻은 것도 없다. 그저 세월과 함께해 왔음에 감사하다.

마음을 추스르고 이쯤에서 만해 한용운의 '인연설'과 금아琴兒 피천득의 '인연' 그리고 법정스님의 '인연 이야기'의 글을 다시 또 읽어보아야겠다.

우리의 고고한 옛 선비들이 항상 가슴깊이 새기며 삶의 지조이자 명예이며 명분의 자존심으로 여겨왔던 손자병법의 한 구절을 읊어본다.

 '지각진퇴知覺進退 진퇴유절進退有節.' 나아갈 때와 물러설 때를 알고, 절도 있게 나아가고 물러나야 한다. 세월과 나이에 비례한 인연도 마찬가지이다. 인연은 지나온 삶의 흔적으로 앞으로의 내 인생에 커다란 거울이다.

 매년 12월이면 어울리는 말이다. 모두가 어렵고도 힘들었으며 다사다난했던 금년과의 인연을 보내고, 새해에는 더 나은 새로운 인연을 기대하자.

# 농부아내

오랜만에 주말 아침 늦잠을 자보려 했건만, 평상시의 기상습관 탓인지 일찍 눈을 떴다. 자리에서 몇 번 뒤척이다, 베란다에서 들리는 둔탁한 소리에 일어났다. 아내가 부산하게 움직이다, 나를 보자마자 날씨가 덥기 전에 얼른 내수 밭에 좀 갔다 오자고 한다.

아내는 젊어서부터 농사짓기, 아니 농사라기보다는 텃밭 채소 가꾸기를 취미 생활로 즐긴다. 반면 나는 농사하고는 거리가 멀다. 아니 집안의 화초도 가꿀줄 모르고 관심조차 없으니, 아내는 나보고 화초도 무서워하는 무정한 사람이라고 놀린다. 물론 아내는 좋은 취미이고 무엇보다도 본인이 좋아하면서 자기만의 농법으로 취미 농사를 즐길 줄 안다. 노후생활 최고의 정신과 육체건강의 지킴이라며 자화자찬이다. 비라도 올라치면 새벽에 밭을 먼저 다녀온다. 귀찮고 힘들 텐데도 좋단다. 자신은 농작물과 대화를 한다며, 채소가 자라는 모습이 그렇게나 예쁘고도 대견스럽단다. 직장생활을 하는 동안에도 출퇴근시 도로 주변의 밭을 임대하여 오며가며 취미농사, 건강농사, 먹거리농사를 해온 자칭 맞춤형 도시 농부란다.

나는 억지로 갈려니 짜증과 불만이다. 더구나 아파트 1층 현관 옆 화단에 숨겨놓은 낙엽 썩은 퇴비를 차에 실으니 냄새가 진동한다. 퇴비냄새와 화를 참으며 밭에 도착하자마자, 나는 얼른 일 마치기만을 기다리며, 서로가 남인 듯 밭 주변을 서성이며 눈치를 살핀다.

얼핏 보아하니 금년은 가물고 이상고온 탓인지, 대파와 옥수수가 제대로 자라지 못했고, 고추도 시원찮고 상추는 잎이 없다. 더구나 감자를 심은 한 고랑은 아예 전혀 싹을 틔우지도 못했다. 오이는 고추 같고 다행히 열무하고 땅콩은 그런대로 자란 듯 보였다.

그동안 무관심하고 도와주지 못한 미안한 마음에 나는 열무를 뽑으면서, 못 알아들을 정도의 낮은 목소리로 투덜댔다. 아내는 내 투정을 알아들었다는 듯 가뜩이나 농사도 잘 안되었는데, 속으로 화가 났는지, 대뜸 시내버스를 타고 갈테니 먼저 가라며 호미에다 화풀이다.

깜짝 놀라 엉거주춤 서성이는 내가 멋쩍다.

지나가는 동네 아주머니가 날씨가 가물어서 농작물들이 잘 자라지 못했고, 감자는 너무 늦게 그것도 얕게 심어서 말라 죽은 것 같다며 친절히 일러주신다. 아내는 자주 오지 못한 자기 탓이라며 채소들에게 미안해 하는 눈치다.

비가 올 것 같으니 얼른 가자며 몇 번 재촉을 하고 조르다가, 결국 나는 열무와 상추만을 갖고 먼저 간다고 했다.

여전히 차 안은 퇴비냄새가 짙다. 웬 걸 이를 어쩌랴, 수름재쯤 오는데 갑자기 소낙비다. 급히 차를 되돌려 다시 밭으로 갔다.

아내는 밭 옆집 처마아래 비닐을 우비 삼아 덮어쓰고 서 있다. 나를 보고는 반가울진대도 그대로 무표정이다. 비 맞는 채소들만 쳐다본다. 고집인지 화가 안 풀린 건지….

서 있는 모습이 우습기는 하지만, 마음을 풀어주고 달래주자.

오늘 이 비가 우리 농작물을 잘 자라게 할 보약 비라고 위로하고는, 비도 오고 배가 고프니 얼른 마무리를 하자고 했다.

밭고랑 사이로 빗물이 고이기 시작한다. 비를 흠뻑 맞는 농작물을 바라보며 흡족한 듯 혼자 중얼거린다. 아내의 표정은 비 맞는 농작물보다도 더 생기있고 밝다. 보고 있는 나로서도 무척 다행이다 싶다.

역시 아내는 농작물을 어린아이 대하듯, 정성이 묻어나는 세심한 손놀림이나 사랑스런 표정이 나와는 확연히 다르다. 내가 보기에도 느낄 수 있을 정도다.

돌아오는 길에 진흙 묻은 장화로 인해 차 바닥은 흙투성이다. 올 때 퇴비의 미안함 때문인지, 조수석에 앉아있는 아내의 자세가 엉거주춤 매우 불편해 보인다. 비가 멈추면 차안을 청소할 테니, 신경 쓰지 말고 편히 앉으라 하니, 그제서야 두 다리를 편다. 당신 오늘

수고 많았고 내가 당신한테 많이 배웠다고 하자, 아내는 그제서야 밝은 표정을 지으며 말을 이어간다.

농작물은 비가오기 전후로는 사람들을 매우 바쁘게 한단다. 농작물 자신도 절기에 맞추어 성장하기 위해 애를 쓰며, 자기 주인을 알아보면서 제 때에 와주기를 기다린단다. 그리고 농작물도 동물처럼 자기를 좋아하고 싫어하는지, 얼마나 진실된 사랑을 베푸는지를 잘 안단다. 좋은 농부가 되는 것이 그리 쉬운 일이 아니란다. 그래서 예로부터 농부들이 선하고 착하다고들 하는 거란다. 늦었지만 지금부터라도 흙과 자연을 더 사랑해보라고 내게 권한다. 듣고 보니, 괜스레 내가 농작물한테도 미안하고, 아내한테도 미안한 마음이다.

왠지 오늘은 아내가 나보다도 속 깊고 자랑스러우며, 더 어른스럽다는 생각이 든다.

참으로 다행이다. 아내가 농사의 취미로 나이가 들어가면서 건강유지는 물론 생활의 즐거움으로 즐기고 있으니 말이다. 그래서인지 나이가 들어가면서도 나에게 잔소리가 별로 없다. 이 또한 농작물 덕이다. 이제 나도 채소 가꾸기에 좀 더 관심을 갖고, 아내를 도와 농사를 좀 배워 보아야겠다. 많이 늦었지마는 농작물과 아내의 사랑을 받기 위해서라도.

## 인생의 골든타임

　얼마 전 일간신문에 우리나라 최고最高 석학碩學이자 100세의 최고령最高齡 철학자인 김형석 전 연세대 교수가, 90세인 고교 제자 이곤 서예가의 전시회를 관람하는 모습과 함께 사제지간의 대담 기사가 실려 눈길을 끌었다.
　100세 스승과 구순 제자와의 만남은 결코 흔한 일은 아니다. 참으로 대단한 인연으로 뜻깊고 따뜻하며 훈훈한 장면이다.
　90세인 제자가 서예 전시회를 갖는다는 것 자체도 대단한데, 언뜻 불가능할 것 같은 현실이지만, 더더욱 두 분이 다 현역 활동을 하고 계신다.
　아무리 장수시대라 해도 스승이 90세 제자의 전시회를 찾는다는 것은, 분명 두 분은 이 시대 최고의 건강장수將帥라 할 수 있다.
　며칠 후 1960년대 우리나라 최고의 영화배우였던 윤정희 씨가 치매의 일종인 알츠하이머로 투병중이라는 소식을 접했다. 70대 중반인 그가 자기 딸도 몰라본다니 안타깝기 그지없다. 한 시대 유명 여배우 트로이카의 한 사람인 영화배우로서의 그의 족적과 인상은 매우 깊다.

치매와 알츠하이머는 노화와 공존한단다. 고령화시대에 가장 큰 난제이다. 노화는 누구든 피할 수 없는 필연이며 자연현상이다.

아마도 그 필연이 건강유지와 힐링의 한계이며, 모두가 죽음으로 가는 길목이다. 장수와 건강문제는 항상 대치한다.

세월과 병마病魔앞에서의 모두는 인생무상이고 허망함뿐이며, 그래서 생자필멸生者必滅인가 보다.

노인 간병이 중요한 화두인 오늘날의 장수시대에 웰 다잉의 죽음복을 갈망하는 새로운 욕심이 또 생겨난다.

아무리 무병장수가 최고의 복이고 모두의 희망사항이라지만, 내 마음대로 되는 것이 아니다. 그래서 장수가 불안하고 두려운 것이다.

인간의 역사는 곧 노화의 연장과 질병극복의 역사라고 한다.

급속도로 진행하는 장수가 과연 반가운 일이고, 좋아해야만 할 수 있는 건지?

이제 머지않아 장수부모가 자식에게는 가장 큰 부담의 부모가 되는 장수불효시대가 올지도 모른다.

결국 준비되지 못한 장수가 효사상의 가치관 균열의 원인이 되면서 자식 불효를 만드는 시대가 되지는 아닐런지 걱정이다.

그래서 우리는 장수시대에 준비된 죽음을 위해 노후설계와 죽음설계의 현실을 맞이하고 있다.

그러나 이를 어찌할거나, 죽음은 인간이 아닌 신의 영역인 것을.

결국 인생은 한번뿐이라는 미명아래 나이가 들어 되돌아보면서

왠지 살아온 인생이 무조건 나만 손해이고, 남보다 더 억울한 인생인 듯하다. 이 또한 오늘날 장수시대에 인생 욕심이다.

분명한 건 모두는 각자 자기 인생에 있어 지금이 바로 인생 황금기이며 축복기이다. 나이와 상관없이 지금이 바로 남은 미래를 위한 인생에 최고의 골든타임이다. 그러기에 미래의 모두를 잃지 않도록 지금을 허비하거나 놓치지 말자.

100세의 김형석 교수는 나이가 들어도 공부하며 자신의 일을 사랑하는 사람이 건강하다고 강조하시며, 지금도 매일 일기를 쓰고 계시다는 말씀에 다시 한 번 깊은 감동과 놀라움을 느낀다.

장수시대에 장수가 재앙이 되지 않도록 골든타임이 지금부터인 우리 모두 각자의 환경과 여건에 맞는 장수준비를 철저히 하자.

11월 하순의 짙은 늦단풍이 겨울 앞에서 초라하고 무거워 보인다.

가을비에 떨어진 은행잎이 가로등 불빛에 금보석으로 반사되어 빛난다. 늦가을 단풍이지만, 그래도 겨울 앞에 저 단풍도 지금이 최고의 골든타임이 아닌가 싶다.

작품 해설 - 류근홍의 수필세계

# 효孝와 불심佛心을 바탕에 깐 진솔한 고백

오경자

| 류근홍의 수필세계 |

# 효孝와 불심佛心을 바탕에 깐 진솔한 고백

오경자

(수필가, 평론가, 한국수필문학가협회 고문)

　수필은 자신의 체험을 통한 일상의 진솔한 기록이라 할 수 있다. 자신이 겪은 일 가운데서 글감을 찾아 그 안에 주제를 담아내서 독자에게 감동을 주며 그 감동을 매개로 하여 자신이 설정한 주제를 독자에게 설득시키는 문학이라 할 수 있다. 이런 연유로 신변에서 일어나는 일을 주로 쓴다 하여 신변잡기라는 말로 폄하되기도 한다. 다만 신변의 이야기를 쓰되 잡기의 수준을 면해야 함이 수필이 갖는 첫 번째 특징이다. 이일은 쉬울 것 같지만 매우 어렵고 그렇게 녹록한 일이 아니다. 그 열쇠는 주제가 뚜렷한 글이냐 아니냐 라는 것이다. 즉 주제의 형상화가 제대로 이루어진 글일 경우에 신변의 이야기로 가득하더라도 훌륭한 수필로 자리매김 받을 수 있다는 것이다.

  수필가 류근홍은 부모를 모시면서 효의 모범을 보이지만 겸손하기 그지없다. 가정사, 사회적인 일 등을 폭넓게 다루면서도 겸손을 잃지 않은 그의 수필은 주제가 확실해서 지루하지가 않다.

### 효를 바탕에 깐 수필

  수필가 류근홍은 부모님에 대한 효도를 바탕에 깔고 많은 수필을 쓰고 있다. 그의 수필의 근간을 이루는 것이 효사상이라 할 수 있다. 그의 수필 속 효는 과거에 일상으로 살아온 추억 속에서 어떤 대목을 불러와 회고에 바탕을 두고 그 안에 주제를 설정해서 전개하는 그런 것이 아니다. 실제로 부모님을 모시고 돌보면서 그 어른의 과거를 불러와서 그 어른의 회고 속의 글감들을 구성해서 쓴다. 바로 부모님의 신변 이야기를 통해 그 안에서 주제를 설정하여 효라는 안경을 쓰고 그 과정과 의미를 주제로 형상화 시킨다. 그 솜씨가 보통의 수준을 뛰어 넘는다.

  수필가 류근홍은 이번 수필집 『연청색 사발』에서 아예 전체의 4분의 1이 넘는 작품을 하나의 부로 따로 묶어서 부모님을 주 글감으로 한 수필을 싣고 있다. 잔잔하면서도 깊이 있는 관찰과 배려 성찰 등이 간결한 문장 속에 잘 녹아있다.

  서문에서 그가 밝히고 있는 치매 어머니에 대한 소회는 그 솔직성에 감탄한다.

> 치매를 벗 삼아 지내시는 92세의 어머니에게 바치는 마지막 효도라고 생각한다. 하루하루 달라져만 가는 어머니의 정신 줄을 붙잡기에는 아들인 나로서도 이제는 마음이 버겁다.
> – '서문' 중에서

이 책의 첫 작품 「어머니의 속내평」은 작가가 어머니를 고추방앗간에 직접 모시고 가서 느낀 점을 다른 노인들의 면모를 소개하며 거기에 비춰 어머니의 마음을 짐작하는 내용으로 구성한 수작이다. 은유적 표현과 간결한 문장이 돋보이는 작품이다.

이 책의 표제인 「연청색 사발」은 지금도 2층 방 벽걸이 선반에 예쁘게 놓여 있는 어머니의 사발 하나를 보면서 어머니의 애절한 추억을 불러들여 자신의 글을 풀어나간다. 모정의 애틋함과 그 어머니에 대한 지극한 효심이 잘 엮여진 작품이다.

> 어머니는 어린 삼남매를 볼 때마다. 병마를 꼭 이기고야 말겠다는 강한 일념 하나만으로 치료에 모든 정성을 다 했단다.
> 동이 트기전 새벽에 일어나 집 뒷편에 있는 공동우물가에서 어린 자식들을 생각해서라도 꼭 병을 낫게 해달라면서 지극정성으로 간절히 빌고 또 빌었단다. 그때 쌀을 담아 촛불을 밝힌 그릇이

바로 지금의 저 연청색 사발이다.

　어머니는 치료에 대한 간절함과 기도의 정성 때문인지, 그해 가을 쯤에 병이 거의 완치되었단다.

　훗날 알았지만 그때 어머니의 병은 산후풍(産後風)이라고 했다.

　한겨울에 출산을 하고, 산후 몸조리를 제대로 하지 못해 신경과 근육계통의 이상으로 수족이 마비된 거란다. 당시에는 치료가 어려워 거의 1년 가까이 고생을 했다지만, 그래도 천만다행이었다.

　그 후 어머니는 그 병원이 없어질 때까지 시내를 나가게 되면, 멀리서라도 바라보며 치료에 대한 고마움으로 고개 숙여 마음 인사를 꼭 했다고 한다. 그때의 삼 남매가 이제는 다 환갑이 넘었으니, 정말 오래된 추억 속의 추억이다.

　어머니는 우리 집의 모든 복이 저 사발에 가득 담겨져 있다며, 항상 연청색 사발을 엎어놓지 말라고 하셨다. 어머니만의 신념인 듯 하지만, 지금까지도 변함없는 어머니의 자식사랑이 정말 가득 담긴 사발이다.

　구순을 넘기고 치매를 앓고 있는 어머니에게 아주 오래된 옛날 이야기임에도 연청색 사발이 그때의 모든 기억을 되살려 주고 있으니, 어머니 말씀대로 연청색 사발이야말로 우리 집안의 복사발이다.

－「연청색 사발」 중에서

첫 살림 날 때 시어머니가 챙겨주신 밥사발 하나에 얽힌 어머니의 추억을 재해석하며 주 글감으로 삼아 자식 사랑의 무한함과 그 어머니에 대한 애틋한 마음을 담담하게 풀어나간 수채화 같은 수필이다.

치매 어머니를 보살피며 그 일상을 글감으로 쓴 수필「효자달력」은 가슴을 뭉클하게 하는 수필이다. 장수시대에 사는 우리들에게 여러 가지 의미로 다가오는 교육적 이미지도 강하지만 해야 하는 보살핌이 아니라 가슴으로부터 밀고 올라오는 효심을 느끼게 하는 글이다. 주제 형상화가 아주 잘 되어 있는 수필이다.

> 오늘 새벽에는 예전에 아침운동을 했던 무심천 제방에 서서 지팡이에 의지한 채 눈과 마음으로 한 바퀴 운동을 하신다.
>
> 나는 2022년 내년도에도 올해보다도 더 큰 글씨의 멋진 달력을 준비해야겠다. 어머니의 잃어버린 기억과 웃음을 되찾고 산수놀이도 하면서 치료도 해주는 효자달력으로 새해에는 또 다른 새봄을 맞게 해드려야겠다.
>
> 그리고 또 한가지, 어머니를 위해 작고 예쁜 하얀 강아지를 새 식구로 맞이 해야겠다. 정원의 꽃들을 사랑하듯 강아지와의 교감과 애정도 어머니의 정신 건강에 많은 도움이 될 것이다. 흔히 사랑은 만병 통치약이라고 하지 않던가?
>
> 쌍둥이 증손자들의 재롱을 동영상으로 보시며 즐거워하는 어머니의 지금 저 모습에 우리 가족들은 그저 감사할 뿐이다. 더 이상

은 욕심이다.

— 「효자달력」 중에서

　커다란 숫자로만 된 달력을 벽에 걸어놓고 어머니에게 여러가지 정보도 드리고 숫자 놀이도 하고 하는 등등 치매 어머니의 건강이 더 나빠지지 않도록 지극정성을 다하는 아들의 효심을 몸으로 느끼게 하는 수필이다. 수선스럽지 않게 그 진심을 담박하게 전하는 필법이 눈길을 끈다.
　치매 어머니가 호박 범벅을 하신다고 해서 식구들이 다 도와 호박범벅을 한 것 같다. 그 과정은 생략됐지만 그 행간에 진한 가족애가 흐른다. 잡수시며 많이 흘리시는 어머니 모습을 보며 아들의 애잔한 마음을 담담하게 잘 그려 낸 수필이다. 어머니의 옛날 솜씨를 떠올리는 부분은 눈가를 촉촉하게 만든다.

　　어머니는 오늘 호박범벅을 잡수시면서 많이 흘리신다. 기력이 쇠해져 가고 마음도 약해지시는 어머니의 모습에서 내 숟가락의 호박범벅이 무겁다.
　　그래도 지금 같은 어머니의 건강이라면, 우리 자식들에게는 큰 복이다. 그래서 항상 고맙고 감사한 마음이다.
　　찬바람이 불기 시작하는 11월 오랜만에 어머니가 해준 호박범벅은 쌀쌀한 가을날씨에 어울리는 계절맛과 어머니의 사랑 맛이 어울어진 달고 맛있는 호박범벅이었다.
　이제 내년 가을에는 우리 4남매가 어머니께 호박범벅을 해드려야겠다. 옛날 우리가 어려서 먹었던 어머니의 그 맛을 살려, 어머니의 젊은 날의 추억을 어머니께 되찾아 드려야겠다.
　　　　　　　　　　　　　　　　　－「호박범벅」중에서


　문패를 보면서 아버지를 그리워하고 세월을 노래하는 작가는 깊은 상념에 빠진다. 역사 속으로 사라지는 문패에 대한 속정을 은은하게 전하는 표현이 눈길을 끈다.


　어머님이 살아계신 동안만큼이라도 문패를 잘 관리해서 문패 속의 아버님 모습을 더 이상은 잊혀지지 않도록 해드려야겠다.
　마음 속으로 간절히 기도 해 본다. 다가오는 올봄은 어머니의 마음을 살랑살랑 흔들어 옛날의 기억들이 봄꽃처럼 활짝 피어날 수 있는 어머니의 봄바람을 기대해 본다.
　　　　　　　　　　　　　　　　　－「문패」중에서


## 깊은 불심佛心을 바탕에 깔고 자연을 함께 노래한 수필

　수필가 류근홍은 출가승에 버금 갈 만한 불제자인 것 같다. 깊은 신앙심에 기초한 사찰 순례나 여러 글들이 깊이가 있으면서도 아주 조용하게 글을 이어간다. 자신의 종교관을 독자에게 부담스럽게 전하려 하는 기색이 전혀 없다. 조용히 전문적 식견으로 좋은 정보도 전하면서 그 안에 주제를 강하게 담고 있는 특색을 지닌 수필들을 빚어내는데 성공했다. 또한 사찰들이 산 속 깊은 곳에 있는 터라 자연히 산천경개를 마음껏 노래하고 자연 예찬을 아낌없이 담아내고 있다. 작품 대부분이 사찰을 찾는 것이어서 우리 금수강산의 기막힌 풍광을 함께 전하고 있다. 그 표현이 자연스러우면서 감동적인 것이어서 돋보인다.

엎드린 부처님을 비롯해서 희귀한 불교 자산을 마음껏 돌아보며 거침없이 독자에게 그 진면목을 알린다. 단기 출가를 감행할 정도의 실행가 이기도 한 작가는 우리의 자연을 마음껏 예찬하며 그 속살을 전하기에 여념이 없다.

그런가 하면 교훈적인 의미를 잘 전하면서 주제에 포함시키는 표현은 눈여겨 볼만하다. 악착보살 이야기 같은 것이 대표적인 좋은 예라 하겠다.

> 나는 오늘 무명의 산소와 거대 마애불과의 새로운 인연, 좋은 인연, 아름다운 인연을 맺었다.
> 지금까지의 마음과 욕심과 원망의 모두를 다 마음 밖에 두고, 새로운 청정함으로 오늘의 당일출가를 회양廻向한다.
> — 「마애불상을 찾아서」 중에서

거대 마애불상을 찾아 나섰다가 무명의 산소가 깊은 산중에 있음을 발견하고 옷깃을 여민다. 정말 명당일 것 같다는 생각을 하면서 마애불을 찾아올라간다. 그 심중을 말하며 인연을 생각한다. 자연을 노래하고 신앙을 은유적으로 잘 내비치는 표현이 인상적이다.

옷깃만 스쳐도 인연이라는 불자답게 절에서 만난 어린아이와의 인연을 곱게 노래하는 수필은 그가 사찰을 찾아가는 중의 경관을 기막히게 표현하고 있어 수필의 진수를 맛 볼 수 있는 대목이라 하겠다.

    공양주 보살이 눈빛으로 나를 가르키자, 아이는 내게 다가와서 과자 하나를 건넨다. 고맙다고 웃으며 "엄마 할머니 따라 법당에 들어가자."라고 하니 그 아이는 "법당에 큰 인형이 무섭다."며 뒷걸음이다. 내 손에 종이와 볼펜을 보더니, 그림을 그리느냐고 묻는다. 미소와 눈빛으로 대답을 한다.
    얼핏 할머니가 내 연배 인듯한데, 나를 아저씨라 부르는 것이 마냥 고마웠다.
    나는 곁눈질을 하면서 얼른 모자를 고쳐 쓰고는 열심히 그림을 그리는 시늉을 했다. 나는 저 아이에게 오늘이 좋은 추억이 되도록 해주고 싶다.
    오늘은 참 좋은 날이다.
    아름다운 비경과 나만의 사색에 귀여운 어린 동자를 만난 인연

에 취하다 보니 반나절이 한 시간 같았다. (중략)

오늘은 남도의 절경을 생각보다 듬뿍 받고 또다시 성도사에 좋은 계절인연을 남겨놓고 돌아선다.

쉬엄쉬엄 산을 오를 때보다는 더 여유를 갖고, 느리고 느린 걸음으로 산에서 보물을 찾듯이 걸음걸음마다 생각하는 걸음으로 하산한다.

너무나도 조용해서일까, 내가 밟는 낙엽소리에 내가 놀라고 낙엽도 놀란다.

- 「남도南道의 가을 향香」 중에서


산 경치를 친구삼아. 놀면서 쉬엄쉬엄 오르다 보니 정상이다. 주변에는 옅은 구름안개가 향처럼 피어오르며 사라진다. 산 정상에서 맞는 바람은 신선한 가을바람이다. 성질 급한 나뭇잎들은 벌써 빛이 바랬다. 몸과 마음이 상쾌하고 시원하다. 나는 오늘 이곳 황장산의 어딘가에 이미 와 있을지도 모를 가을을 찾지는 못했다. 오늘 산행에서 마스크의 답답함에서 벗어나 내 발끝이 와 닿은 저 멀리 월악산 주흘산 도락산 등 명산의 풍경을 굽어보는 호사를 누렸다. 하산하는 내 뒤로 가을을 맞으러 온 내 마음을 알아차린 듯 가을햇살과 가을바람이 따라온다.

- 「가을맞이 산행」 중에서

이 수필은 은유와 비유가 절정을 이루고 있다. 풍광을 표현하는데 있어 류근홍의 수필은 깔끔하고 예리한 비유로 마감하고 있다.

## 성찰을 담은 사회성 짙은 수필

수필은 주제가 중요하지만 그에 버금가게 성찰이 매우 중요하다. 자신의 회고를 통해 주제를 형상화 하지만 그와 관련된 성찰이 없을 때 매우 메마른 수필이 되기 쉽다. 류근홍은 자신의 글쓰기에 대한 깊은 성찰을 간결하게 담아내고 있다.

> 다소 내가 늦고 부족하지만, 독자를 위한 글쓰기 욕심의 성장통이라는 생각에 또 다른 용기로 내 스스로를 한껏 추슬러보고 싶다.
> 더 무더운 한여름이 오기 전에 오래 남을 나의 짙은 글 향기를 위해 문학의 정기라도 받으러 글맛 기행을 떠나야겠다.
> ―「글맛 기행」 중에서

장수시대에 웰다잉이 화두가 되었다. 류근홍은 죽음을 앞에 놓고 실제처럼 해 보는 교육에 참여하고 그 과정과 자신의 소회를 한편의 수필로 빚어서 독자를 찾아간다.

참으로 다행이다. 나는 오늘 짧지만, 죽음 앞에서 새롭게 다시 태어났다. 지금까지의 삶이 아쉽다지만, 억울해 하지는 말자. 이제는 남은 소중한 삶을 결코 허비하지 않고, 감사한 마음으로 알뜰하고 세심하게 성찰해가며 살아가야겠다.

- 「죽음 앞에서」 중에서

 장수시대의 문제들을 사회적 시각에서 바라보고 인생의 골든타임을 어떻게 제대로 누릴 것인가를 한 편의 수필로 빚어내는 것으로 류근홍은 이 수필집의 대미를 장식하고 있다.

 결국 준비되지 못한 장수가 효사상의 가치관 균열의 원인이 되면서 자식 불효의 시대가 되지는 않을는지 걱정이다.
 그래서 우리는 장수시대에 준비된 죽음을 위해 노후설계와 죽음설계의 현실을 맞이하고 있다.
 그러나 이를 어찌할거나, 죽음은 인간이 아닌 신의 영역인 것을, 결국 인생은 한번 뿐이라는 미명 아래 나이가 들어 되돌아보면서 왠지 살아온 인생이 무조건 나만 손해이고, 남보다 더 억울한 인생인 듯하다. 이 또한 오늘날 장수시대에 인생 욕심이다.
 분명한 건 모두는 각자 자기 인생에 있어 지금이 바로 인생 황금기이며 축복기이다. 나이와 상관없이 지금이 바로 남은 미래를 위한 인생 최고의 골든타임이다. 그러기에 미래의 모두를 잃지 않도록 지금을 허비하거나 놓치지 말자.

-「인생의 골든타임」중에서

　치매 어머니를 위해서 어머니의 집을 동네 할머니 방으로 내놓고 마을 어르신들이 함께 모여 즐기게 하는 수필을 읽으면서 독자들은 그의 인간애에 흠뻑 젖을 수 있다. 가족애와 세상에 대한 무한한 사랑을 담은 수필들은 작가의 긍정적 인생관을 만날 수 있어 독자들은 이 책을 읽으면서 행복한 시간을 보내게 된다.
　효사상을 조용하고 아름답게 담아낸 류근홍 수필가에게 박수를 보내며 일독을 권하는 바이다.

이쯤에서 나를 돌아보며…
내가 나를 말하기


- 1955년 청주에서 1남 3녀중 외동아들로 출생.

- 청주대학교 졸업 후 한양대학교 행정대학원, 충북대학교 행정대학원, 충북대학교 법무대학원을 수료후 2006년 청주대학교에서 법학박사 학위를 취득. 현재도 서원대학교 라이프 설계학과 3년에 재학중이며 평생교육과 노인교육을 공부하고 있음.

- 전국버스공제조합충북지부 부지부장으로 정년 퇴직후 청주교통(주) 대표이사를 역임.
  청주대학교 법과대학. 충주대학교(현 한국교통대학교) 겸임교수. 충북교통 연수원 강사. 한국교통장애인협회 충북지회 순회강사.

- 충북교통연수원 감사. 충청북도 도민 감사관. 충청북도 홍보대사. 충청북도 안전관리민간협력위원. 청주시 홍보대사. 청주시 예산감시단. 청주시지역사회보장대표협의체위원. 청주지방검찰청 검찰시민위원과 옴부즈만. 청주시와 충청북도, 충청북도 교육청 주민참여예산위원. 충북개발공사 소통위원. 민선8기 청주시 공약검증위원. 충북교통장애인

협회 부회장. 대한노인회 청주시 흥덕·청원지회 자문위원. 청주시 율량사천동 주민자치위원. 행정안전부 제10기 생활공감정책 참여단. 청주복지재단 시민위원. 충북대학교 법무 대학원 총동문회장 등을 역임.

- 1997년 대통령 표창. 2001년 행정안전부장관 표창. 2001년 청주시장표창. 2007년 대통령 표창. 2010년 충북치안대상 수상.
  2013년 국토부장관 표창. 2014년 청주지방검찰청 검사장 표창.
  2015년 한국인물대상 수상. 2015년 법무부장관 표창.
  2017년 신한국인상 수상. 2022년 중소기업중앙회장 표창.
  2023년 충청북도의회 의장 표창. 효동문학상. 카페문학상.

- 사회복지사(2급). 교통안전관리자. (국가공인)도로교통사고감정사
  소방안전관리자(2급). 심리상담사. 장애인인식개선지도사.
  노인심리상담사. 노후생활전문가. 인성지도사. 가족심리상담사. 수필가.

- 충청북도노인종합복지관에서 시니어 인생 매니저와 동년배 상담사로 봉사. 시니어 모델과 단역배우로 활동. 충북도립극단 2025 도민연극교실 출연. 푸른솔문인협회 회장. 월드클래스모델연합회장. 문화류씨 청주종친회장.

- 전국의 100대 명산 등반 성공. 취미로는 무작정 떠나는 여행을 좋아해서 전국의 암자 순례와 시골 5일장 탐방하기. 20여년전에 계획한 버

킷리스트 15개 중 11개를 달성하고 2개는 포기 2개는 현재 진행 중.

지금까지 살아오면서 나의 능력과 노력에 비해 과분한 사랑과 관심을 받아 왔기에 앞으로는 평생교육의 시대에 맞게 꾸준히 배우면서 장애인과 노인들을 위한 더 많은 사회봉사 및 재능기부를 할 계획임.

그리고 이제 이쯤에서 지금까지의 내 삶을 추스르고 앞으로의 노후 인생 살림을 알뜰하게 하여 액티브한 나의 노후를 보낼 또 다른 도전을 향해 내가 나에게 나를 말한다.

**류근홍 수필집**
# 연청색 사발沙鉢

**인쇄** 2025년 7월 1일
**발행** 2025년 7월 10일

**지은이** 류근홍
**발행인** 서정환
**펴낸곳** 수필과비평사
**주소** 서울시 종로구 삼일대로 32길 36(익선동 30-6 운현신화타워 빌딩) 305호
**전화** (02) 3675-3885 (063) 275-4000
**팩스** (063) 274-3131
**이메일** essay321@hanmail.net
**출판등록** 제300-2013-133호
**인쇄·제본** 신아출판사

저작권자 ⓒ 2025, 류근홍
이 책의 저작권은 저자에게 있습니다. 서면에 의한 저자의 허락없이 내용의 일부를 인용하거나 발췌하는 것을 금합니다.
COPYRIGHT ⓒ 2025, by Ryu Geunhong
All right reserved including the rights of reproduction in whole or in part in any form.
저자와 협의, 인지는 생략합니다.
잘못된 책은 바꿔 드립니다.

**ISBN** 979-11-5933-580-8  03810
**값** 15,000원

Printed in KOREA